Gunther Klosinski
Pubertät heute

GUNTHER KLOSINSKI

Pubertät heute

▶ Lebenssituationen ▶ Konflikte
▶ Herausforderungen

Mit einem Vorwort von
Professor Dr. Reinhart Lempp

Kösel

Druck und Bindung: Kösel, Kempten
Umschlag: Kaselow Design, München
Umschlagmotiv: Bernd Müller, Augsburg
ISBN 3-466-30649-3

Gedruckt auf umweltfreundlich hergestelltem Werkdruckpapier
(säurefrei und chlorfrei gebleicht)

Inhalt

Vorwort

Die Einteilung des menschlichen Lebens in einzelne Abschnitte, in die Kindheit, die Adoleszenz oder die Reifezeit, das Erwachsenenalter und das Greisenalter, erscheint zunächst als etwas ganz Selbstverständliches. Sie bietet sich als von der Natur gegeben an und beruht ganz offensichtlich auf dem Heranwachsen vom unreifen Kind zum reifen Erwachsenen, der dann schließlich alt wird, also auf einem von der Natur bestimmten Ablauf. Dass dabei auch gesellschaftliche und kulturelle Einflüsse eine wichtige Rolle spielen, wird meist übersehen.

Vor etwa 30 Jahren zeigte der französische Sozialhistoriker Philippe Ariès, dass es die Kindheit als abgrenzenden Begriff und reale Lebensform erst etwa seit der Renaissance gibt. Auch die Medizin hatte erst Ende des 19. Jahrhunderts zur Kenntnis genommen, dass das Kind nicht einfach nur ein »kleiner Mensch« ist, sondern eine ganz eigene altersphasentypische Physiologie aufweist. Auch bei den Alten haben sich durch die Verlängerung der Lebenserwartung die Lebensbedingungen merkbar verändert.

In besonderem Maße gilt diese Eigenständigkeit für die Zeit der Reifeentwicklung, der Pubertät und Adoleszenz. Lange Zeit wurde deren Eigenheiten im Wesentlichen durch die biologischen Veränderungen, insbesondere die beginnende Sexualentwicklung, begründet gesehen. Dass hier auch die sich ändernden sozialen Bedingungen wesentlich mitwirken, macht dieses Buch deutlich.

Noch vor etwa hundert Jahren trat der allergrößte Teil der Jugendlichen mit dem Abschluss der Volksschule, also mit etwa 14 Jahren, in ihr berufliches Leben ein, als Lehrling, als landwirtschaftlicher Arbeiter oder als Haushaltshilfe. Auch wenn sie noch nicht als Erwachsene anerkannt waren, arbeiteten sie zusammen mit den Erwachsenen und gehörten dazu. Heute bleiben über die Hälfte aller Jugendlichen über dieses Alter hinaus in einer immer differenzierter werdenden Ausbildung und damit in völliger sozialer Abhängigkeit, viele bis zur Mitte ihres dritten Lebensjahrzehnts. Sie werden im »Wartestand« gehalten, wie der Autor sagt, gerade in einer Zeit, in der man ungeduldig eine Leistung und begierig eine sozial anerkannte Position anstrebt. Der Autor Gunther Klosinski, der ärztliche Direktor der Abteilung für Psychiatrie und Psychotherapie des Kindes- und Jugendalters an der Universität Tübingen, stellt in diesem Buch fest, dass die Adoleszenz heute nicht mehr nur eine kurze Zeitspanne umfasst, sondern sich vom 10. bis zum 25. Lebensjahr erstreckt. Diese epochalen Veränderungen der Lebenssituationen der heutigen Jugendlichen wirken sich auch nachhaltig auf die psychische Entwicklung in dieser Altersphase aus und erfordern ihre Beachtung und Berücksichtigung durch die Gesellschaft.

Diese Veränderungen in der Adoleszenz, ihre neuen und alten Probleme und die Aufgaben für jeden Einzelnen, für die Familie, die Ausbildung und die ganze Gesellschaft werden in diesem Buch sehr klar gegliedert, übersichtlich und verständlich, gestützt auf eine große und vielseitige klinische Erfahrung, dargestellt. Es ist kein psychiatrisches Buch, das sich mit der Psychopathologie beschäftigt, sondern es zeigt die ganz normalen Lebenssituationen in ihren vielfältigen Formen und Varianten, der sich die Adoleszenten gegenübergestellt sehen. Der Autor geht dabei auf die Grenzphänomene zur Krankhaftigkeit ein, weil die Übergänge hier, wie in der Psychiatrie meistens, fließend sind.

Mein psychiatrischer Lehrer Ernst Kretschmer pflegte in Vorlesungen und bei der Visite immer wieder zu sagen: »In der Pubertät ist alles möglich.« Er meinte damit, dass keine der vielen möglichen Symptome und Verhaltensauffälligkeiten eines Pubertierenden eine Prognose für sein weiteres Leben erlaube. Das bedeutet aber auch eine besondere Verantwortung für die Erwachsenen, in dieser Phase nicht mit unkorrigierbaren Eingriffen zu reagieren.

Gunther Klosinski zeigt auch die großen Chancen dieser Altersphase, was die musische Entfaltung und die künstlerische Entwicklung in der Adoleszenz anbelangt. Dies ist ihm, der selbst erfolgreicher Künstler ist, ein besonderes Anliegen. Seine vielfachen früheren wissenschaftlichen Arbeiten über die religiöse Einstellung der Jugend, über die Tendenzen zu Sekten und Mythen und zur Jugendkultur und ihren Riten, aber auch zu den Problemen des Drogenkonsums, der Aggressivität bis hin zum Jugendsuizid sind auf dem neuesten Stand unter Berücksichtigung der internationalen Literatur einbezogen.

Die herangezogene Literatur macht aber auch deutlich, dass Klosinski seine Quellen und Anregungen nicht nur in seinem engeren Fachgebiet, sondern ebenso in den angrenzenden Wissenschaften der Soziologie und Philosophie sowie in den klassischen und modernen Geistes- und Kulturwissenschaften findet. Am Schluss gibt er auch Hinweise und Anregungen, wie mit den angesprochenen Problemen umzugehen sei.

So ist ein neues Buch über ein altes Thema entstanden, das über das bisher Gepflegte weit hinausweist und eine Hilfe für die Adoleszenten selbst anbietet, ebenso wie für diejenigen, die sich von diesen und ihren Problemen belastet fühlen. Es wird deutlich, dass die Aufgabe für die Erwachsenen nicht darin bestehen kann, selbst auf jeden Fall krampfhaft Jugend zu imitieren, sondern die Jugend einzubeziehen in unsere Welt und unsere gemeinsamen Aufgaben mit ihnen auch gemeinsam anzugehen und zu bewältigen.

Reinhart Lempp

Einführung

»Die Jugend hat Heimweh nach der Zukunft.«
JEAN-PAUL SARTRE

»Jugend ist Trunkenheit ohne Wein.«
JOHANN WOLFGANG VON GOETHE

Nach der Trotzphase im Kleinkindalter stellt die Pubertät und Adoleszenz die zweite große Autonomiebewegung im Laufe der Entwicklung vom Kind zum Erwachsenen dar, für die die Gesellschaft einen Aufschub des »Zu-sich-selbst-Findens« gewähren muss, handelt es sich doch um eine turbulente Zeit, die Anna Freud als die »natürliche Schizophrenie des jungen Menschen« bezeichnet hat, in der anormales Verhalten zur Norm gehören kann. Die Pubertät als körperliche Metamorphose geht mit einer psychischen Verunsicherung und Labilisierung einher und ihre Auswirkungen spielen sich vor dem Hintergrund einer Bindungs- und Ablösungsproblematik vom Elternhaus ab, werden stark geprägt von gesellschaftlich bedingten Einflüssen in einer Welt, in der der Übergang von der Kindheit in die Erwachsenenwelt zeitlich eine immer größere Ausdehnung erfährt und in der es an Pubertätsriten als Hilfestellung für diesen Übergang mangelt. Wie erleben Jungen und Mädchen ihre Pubertät? Was ist das Besondere an unseren heutigen Jugendlichen? Welche Bedeutung kommt der gleichgeschlechtlichen bzw. gemischtgeschlechtlichen Peer-Gruppe (also den Gleichaltrigen) zu und wie gestaltet sich die Ablösung der Tochter und des Sohnes vom Vater bzw. von der Mutter? Kinder sind das

»Kapital« jeder Gesellschaft und die Jugend am Übergang von der Kindheit ins Erwachsenenalter stehend muss bereit sein, die Kette der Generationen weiterzutragen, Bewährtes und Tradiertes weiterzugeben, auf ihm aufzubauen und neue Wege und Horizonte aufzusuchen, um so notwendige Veränderungen und Weiterentwicklungen gesellschaftlicher Art erst möglich zu machen. Die ältere Generation beneidet die Jugend wegen der noch vor ihr liegenden unverbrauchten Zeit. Wie in einem Spiegel wird manchen Eltern, die Pubertierende und Adoleszente haben, bewusst, dass ihre Zeit der Jugend unwiderruflich vorbei ist: Es werden eigene, frühere Probleme der Pubertät und Adoleszenz reaktiviert und können zu Ängsten führen, die auf die Kinder projiziert werden. Gelegentlich breitet sich Neid aus über Freiheitsgrade unserer heutigen Jugend, die in dieser Weise früher so nicht erlaubt und möglich waren.

Wenn ein Kinder- und Jugendpsychiater bzw. -psychotherapeut über die Pubertät und Adoleszenz schreibt, läuft er einerseits Gefahr, aufgrund seiner Beratungen und Therapien von psychisch auffälligen Jugendlichen und ihren Eltern womöglich eher das Negative, die Entwicklungssackgassen und die Adoleszentenkrisen im Auge zu haben. Andererseits ist der kinder- und jugendpsychiatrische Kliniker im Vorteil, da seine entwicklungspsychologische Sichtweise des Einzelfalls, bedingt durch eine gründliche Anamneseerhebung, den »Werdegang des Patienten« und das Bedingungsgefüge der eingetretenen Problematik besser verstehen lernt.

Treten Jugendliche in die Pubertät ein, sind nicht wenige der Eltern der Auffassung, das »Kindsein« sei nunmehr ad acta gelegt und die Erziehungsaufgabe weitestgehend getan, da die Jugendlichen sich von den Eltern mehr und mehr absetzen, sich Freunden und Freundinnen zuwenden, der

Clique oder der Peer-Gruppe. Meist ist diese Sichtweise falsch, da sich Jugendliche an ihren Eltern »reiben« und Freiheitsgrade zwischen Eltern und Jugendlichen beim Durchlaufen der Pubertät und Adoleszenz immer wieder neu ausgehandelt werden müssen.

Wenn Jugendliche in die Pubertät kommen, ist die Erziehungsaufgabe der Eltern noch längst nicht vorbei.

Dieses Buch soll dazu beitragen, das »Phänomen Pubertät und Adoleszenz« besser zu verstehen. Es kann und will kein Rezept geben, »wie man es macht, dass es in dieser Entwicklungsphase keine Probleme gibt«.

Das Buch gliedert sich in sechs Bereiche:
Das 1. Kapitel beschreibt das Wesen der Pubertät und Adoleszenz, die damit einhergehenden psychodynamischen Aspekte unter entwicklungspsychologischer Sicht. Zentrale Aspekte des Seelenlebens der Jugendlichen werden beleuchtet: die Identitätsfindung, die Entwicklungsaufgaben und die Grundbedürfnisse dieser Altersphase. Ein besonderes Unterkapitel geht auf die Bedeutung der Gleichaltrigengruppe ein.

In einem 2. Kapitel geht es um die kreativen Potenzen von Pubertierenden und Jugendlichen, die genützt und gefördert werden müssen. Verhaltensauffällige und psychisch kranke Jugendliche sind oft von ihrer Kreativität abgeschnitten; gelingt es, sie wieder mit ihren kreativen Seiten in Kontakt zu bringen, kann dies hilfreich bzw. heilend wirken.

Die Entwicklung unserer Jugendlichen ist in gesellschaftliche Rahmenbedingungen hineingestellt und von diesen abhängig. Dies wird in einem 3. Kapitel erörtert. Es wird die These aufgestellt, dass mitunter die Jugendkrise Spiegelbild unserer Gesellschaftskrise ist. Jugendliche schließen sich zusammen, versuchen ihre eigene Jugendkultur zu leben in einer Zeit, in der Pubertätsriten als Übergangsriten schon längst verloren gegangen und allenfalls Initiationsäquivalente in unserer Gesellschaft noch ausfindig zu machen sind. Jugendliche lehnen sich nicht nur gegen ihre Eltern auf: Es besteht ein Generationenkonflikt, der zunehmend aufgrund des Älterwerdens der Menschen eine ganz neue Dimension und Aktualität erfährt. Jugendliche wachsen immer weniger in traditionellen Familien auf und immer häufiger in Patchworkfamilien: Jeder dritte 15-jährige Jugendliche ist heute Trennungs- oder Scheidungswaise. In aller Regel gelingt es dem Jugendlichen erst nach Durchlaufen der Pubertät, zu beiden Elternteilen einen gleichermaßen guten Kontakt nach dem Auseinanderbrechen der Familie herzustellen. Weil der Jugendliche aber für seine äußere und innere Ablösung von seinem Elternteil sowohl den leiblichen Vater als auch die leibliche Mutter benötigt, befinden sich viele unserer Jugendlichen in großer Not.

In den letzten Jahren wurde erfreulicherweise die körperliche Züchtigung als Erziehungsmittel geächtet und dies auch im Strafgesetzbuch. Es hat sich aber nicht nur das Ausmaß von körperlicher und sexueller bzw. emotionaler Gewaltanwendung der Eltern gegenüber ihren Kindern mehr und mehr als Problemlage im Bewusstsein unserer Gesellschaft festgesetzt; unmerklich haben die intrafamiliale Gewalt und die Gewalt der Jugendlichen ihren Eltern gegenüber zugenommen: Wir sehen heute nicht nur das »Battered-Child-Syndrom«, sondern auch das so genannte »Battered-Parent-Syndrom« (Kapitel 3.6).

In einem 4. Kapitel werden mehr allgemeine Brennpunkte und Problemfelder der Adoleszenz dargestellt und erörtert: Es wird auf die Trennungs- und Bindungsängste bei Jugendlichen eingegangen, sowie auf Risikoentwicklungen der »Frühstarter« und »Nesthocker«.

Ferner wird die Sinnsuche und die religiöse Dimension im Jugendalter beleuchtet sowie der »Zwang zur Häresie«, d.h. die Neigung zum Ketzertum in dieser Altersphase. Jugendliche sind neugierig und experimentierfreudig, sie fühlen sich häufig angezogen vom Ungewöhnlichen, Außergewöhnlichen, was dazu führt, dass sie zu einem Teil auch aufgeschlossen sind für den Bereich des Okkultismus. Insbesondere im Ablösungsprozess von den Eltern und ihren religiösen Überzeugungen wenden sich manche Jugendliche anderen religiösen »Anbietern« zu oder erleben Schiffbruch im Rahmen ihrer eigenen religiösen Entwicklung. Diese Problembereiche werden ebenfalls in Unterkapiteln dargelegt.

Das 5. Kapitel geht auf spezielle Problemfelder der Adoleszenz ein, auf die so genannten Adoleszenten- und Reifungskrisen, auf schwere psychische Einbrüche im Sinne von psychotischen Erkrankungen und Erfahrungen. Ein eigenes Unterkapitel ist der Sexualität als Entwicklungsaufgabe und Entwicklungsdruck in der Phase der Pubertät und Adoleszenz gewidmet. Manche Jugendliche geraten für die Erwachsenen sehr überraschend in suizidale Krisen: Diese sind bedingt durch Beziehungsprobleme mit den Eltern oder mit Freundinnen bzw. Freunden. In den letzten Jahren hat bei den pubertierenden Mädchen selbstverletzendes Verhalten erheblich zugenommen. Aus diesem Grunde wird auf diese Ausdrucksformen autoaggressiven Verhaltens besonders eingegangen.

Vor allem Frühentwickler können auf einem Risikopfad der Entwicklung in die Delinquenz und Gewaltbereitschaft abgleiten. Es stellt sich die Frage, inwieweit Medieneinflüsse (der Konsum von Gewaltvideos und pornographischen Filmen) unsere Jugendlichen nachhaltig negativ beeinflussen und gelegentlich zur Imitationshandlung verführen. Ein Unterkapitel ist dem süchtigen Verhalten gewidmet, d.h. der

Nikotin-, Alkohol- und Drogenproblematik. Da Jugendliche sich unter Gleichaltrigen einerseits abgrenzen und auch zusammenschließen, kommt den Migrationsproblemen von ausländischen Jugendlichen große Bedeutung zu, und dies sowohl für die Migranten selbst als auch für die hier ansässigen Jugendlichen.

Ein 6. und letztes Kapitel will die Hilfestellungen und therapeutischen Aspekte hervorheben, die in unserer Gesellschaft für unsere Jugendlichen zur Verfügung stehen. Wir müssen uns fragen, inwieweit Vorbilder für Adoleszente noch wichtig sind oder wichtig werden können. Ferner geht es um die Frage, welche Bedeutung den Vereinen zukommt im Hinblick auf Integrität von Jugendlichen in unserer Gesellschaft. Was sind protektive Faktoren für eine günstige pubertäre und adoleszente Entwicklung? Was können wir tun, um Jugendlichen nicht das Gefühl zu geben, sie seien unnötig, unerwünscht und eher nur von Übel? Das Buch schließt mit 13 Thesen für Eltern, Erzieher und gesellschaftliche Institutionen, um den Übergang und die Metamorphose unserer Jugendlichen hilfreich zu unterstützen und ihre Rebellion in konstruktive Bahnen zu lenken.

Es war schon immer ein Privileg der älteren Generation, die eigene Jugend fast vollständig zu verdrängen. Nur so ist die heute kaum verständliche Äußerung Melanchthons im 16. Jahrhundert zu verstehen, die hier zitiert werden soll: »Der grenzenlose Mutwillen der Jugend ist ein Zeichen, dass der Weltuntergang nahe bevorsteht.«

Entwicklungspsychologische und -dynamische Aspekte

»Das Problem mit der heutigen Jugend liegt darin,
dass sie sich nicht als Baufirma versteht,
sondern als Abbruchunternehmen.«

Marcello Mastroianni

Allgemeine Anmerkungen zum Wesen der Pubertät und Adoleszenz

Mit Pubertät sind die körperlichen Veränderungen in der Reifezeit gemeint, der Gestaltwandel und die sexuelle Reifung. Gemeinhin wird zwischen Vorpubertät und eigentlicher Pubertät (Hochpubertät) unterschieden: Vorpubertät als erste puberale Phase ist die Zeitspanne zwischen dem ersten Erscheinen der sekundären Geschlechtsmerkmale und dem ersten Funktionieren der Geschlechtsorgane (Erstmenstruation und Erstpollution, also dem ersten Samenerguss). Unter Pubertät oder der zweiten puberalen Phase versteht man die Zeitspanne zwischen Erstpollution bzw. Erstmenstruation und dem Zeitpunkt, wo es zu einem Nachlassen der bisexuellen Tendenz kommt. Damit ist die Pubertät nach oben hin nicht genau begrenzt und liegt etwa am Ende des 16., Anfang des 17. Lebensjahres. Der Begriff Adoleszenz hingegen hat zwei Bedeutungen: Zum einen ist mit diesem Wort die körperliche Spät- und Postpubertät gemeint, zum anderen aber die psychologische Bewältigung der körperlichen und sexuellen Reifung, d.h. der Begriff Adoleszenz stellt die Anpassung der Persönlichkeit des Kindes an die Pubertät dar und ist damit Ausdruck der Wechselwirkung im psychosozialen Interaktionsfeld, ist somit ein soziokulturelles Phänomen.

»Gäbe es die Wissenschaft der Krise, die ›Krisologie‹, so müsste sie sich vorrangig mit der Pubertätskrise befassen.« Dieser Satz von Alfonso-Fernandez (1986) mag sehr pointiert klingen, und doch, wie kaum eine andere Entwicklungsphase des Individuums stellt gerade die zweite und eigentliche Separations- bzw. Trotzphase (Provokationsphase) einen neuralgischen Punkt auf dem oft steinigen Weg zur reifen Persönlichkeit dar.

Eine Auflehnung gegenüber den Eltern und eine Hinwendung zu Gleichaltrigen ist in der Phase der Pubertät und Adoleszenz, einer kritischen Altersphase per se, bei beiden Geschlechtern gleich. Obwohl die traditionelle Rolle der Mutter und des Vaters in unserer heutigen Gesellschaft aufgeweicht ist, gilt immer noch zu einem hohen Prozentsatz, dass die Mutter für beide Geschlechter zum wichtigsten Liebesobjekt im ersten Lebensjahr wurde. Der Junge kann nun aber in seiner Entwicklung ein Leben lang diesem ersten Liebesobjekt, dem weiblichen, treu bleiben, wenn er sich in der Pubertät seiner eigenen Sexualität gewahr wird und vorsichtig zunächst in Gedanken für eine Freundin schwärmt. Das Mädchen hingegen muss lernen, sich in ihrer Liebe vom vertrauten Weiblichen zum unbekannten Männlichen hinzuwenden, wobei sie den Vater als Vorbild nimmt. Des weiteren beginnt die eigentliche Pubertät des Jungen mit dem absichtlichen oder unabsichtlichen Samenerguss, welcher meist von Lustgefühlen begleitet ist. Die Pubertät des Mädchens hingegen beginnt mit der meist unvermittelt auftretenden ersten Blutung, die nicht selten traumatisch und schmerzhaft erlebt wird. Noch immer erfolgt heute in der »Normalfamilie« die Reihenfolge der Bindung des Kindes an die Familienmitglieder wie folgt: 1. Mutter, 2. Vater, 3. Geschwister, während die Loslösung in umgekehrter Reihenfolge stattfindet (1. Geschwister, 2. Vater, 3. Mutter, nach Ell 1973).

Die »Selbst-Präsentation« im Sinne eines »Role-Taking« nimmt in der Pubertät erste Formen an, die bei den Eltern in aller Regel auf Ablehnung stoßen. Hierbei ist festzustellen, dass die Mädchen häufiger und intensiver von beiden Elternteilen restriktiv eine Reaktion erfahren, als dies die Eltern gegenüber ihren Söhnen vornehmen. Die Eltern finden sich offenbar leichter mit der Tatsache ab, dass ihre Söhne sich emanzipieren müssen, und haben immer größere Angst, dass ihnen die Töchter sexuell »frühreif« entgleiten könnten. Als Tendenz kann man immer noch feststellen, dass die Mädchen in der Pubertät mehr zurückgezogen sind und mehr introvertiertes Verhalten zeigen, während die Jungen mehr opponieren und extravertiertes, nach außen gerichtetes Verhalten leben.

Der Eintritt in die Pubertät und ihr Verlauf wird auch von den unterschiedlichen Geschlechterrollen bestimmt.

In den 80er-Jahren wurde eine groß angelegte Studie an insgesamt knapp 6.000 Jugendlichen in zehn verschiedenen Ländern in allen Erdteilen (außer Afrika) durchgeführt, wobei es um das Selbstbild der Pubertierenden und Jugendlichen ging (Steinhausen 1990 und Steinhausen et. al. 1988). Dabei fanden sich folgende kulturunabhängigen Geschlechtsunterschiede: In allen Ländern berichteten die männlichen Jugendlichen, dass sie ihre Gefühle besser kontrollieren konnten, weniger emotional verletzlich seien und ein größeres Ausmaß an Glücklichsein erlebten als weibliche Jugendliche. Sie zeigten ferner mehr Interesse und Zuversichtlichkeit hinsichtlich ihrer Sexualität und hatten eine positivere Einstellung zu ihrem Körper. Subjektiv schienen die männlichen Jugendlichen sich besser zu fühlen als die weiblichen Jugendlichen. Andererseits waren die weiblichen Jugendlichen in ihrer sozialen Einstellung deutlich positiver. Allgemein hatten ältere Jugendliche (16 bis 19 Jahre) ein stärkeres Selbstvertrauen als jüngere (13 bis 15 Jahre). Sie stellten sich ferner als offener für die Gefühle und Meinungen anderer dar.

In der Pubertät und Vorpubertät kommt es in aller Regel zu einer intensiven Beziehung zu einem/einer gleichgeschlechtlichen Busenfreund/freundin. Dies ist Ausdruck einer bisexuellen bzw. homoerotischen Durchgangsphase in der Reifezeit. Dem/der gleichgeschlechtlichen Freund/in werden Geheimnisse anvertraut, die nicht mit den Eltern geteilt werden. Es kommt dann auch zu einer Einbindung in die gleichgeschlechtliche Peer-Gruppe und erst dann zu Cliquenbildungen, die gemischtgeschlechtlich sind. Allerdings sind in den letzten Jahren diese Abfolgen weniger eindeutig auszumachen, zumal die Pubertät von Jahrzehnt zu Jahrzehnt bei Jungen und Mädchen um Monate vorverlegt wird.

Das Verhältnis zwischen Vater und Tochter in der Pubertät ist häufig noch sehr innig. Schlagartig kann es dann aber zu Zusammenbrüchen dieses Verhältnisses kommen, wenn die Pubertierende zum ersten Mal nicht mehr für den Vater, sondern für einen Jugendlichen schwärmt. Die Väter zeigen sich dann in der Regel sehr besorgt um den guten Namen und um die Unberührtheit ihrer Tochter. In Wirklichkeit sind sie eifersüchtig auf jeden Mann, welcher die Tochter entführen könnte. Der Vater würde eine Verehrerin verlieren, in gewissem Sinne eine »Zweitfrau«, welche ihm das Maß an

Zärtlichkeit und Liebkosung schenkt, das eine liebesmüde gewordene Ehefrau ihm manchmal vorenthält. Die Tochter erkennt dann im Vater plötzlich den ersten Feind ihres Glücks. Weil die Mutter hingegen ihre Liebe meist nicht aufkündigt, kann die Tochter das Wechselspiel ihrer Launen bei ihr durchaus leben (es gibt auch hier Ausnahmen).

Die Söhne grenzen sich in der Pubertät hingegen sehr stark von der Mutter ab, lassen eine Liebkosung nicht mehr zu und orientieren sich mehr in der Männerwelt, gehen mitunter auf starken Konfrontationskurs mit dem Vater und mit der Mutter, wobei das Sichabgrenzen von der Mutter umso heftiger erfolgt, je stärker die Bindung noch ist!

Identität und Adoleszenz

»Gute Jugend glaubt, dass sie Flügel habe und dass alles Rechte auf ihre herbrausende Ankunft warte, ja erst durch sie gebildet, mindestens durch sie befreit werde. Mit der Pubertät beginnt das Geheimnis der Frauen, das Geheimnis des Lebens, das Geheimnis der Wissenschaft.« Dieses Zitat von Ernst Bloch aus *Prinzip Hoffnung* (1959) leitet zu einer zentralen Frage des Menschseins schlechthin über, nämlich zu der Identitätsfrage »Wer bin ich?«. Es ist dies das Rätsel der Sphinx, mit dem der Mensch zum ersten Mal in der Pubertät konfrontiert wird. Lassen wir uns erinnern: Die Sphinx saß auf dem Berg Phikion und gab den thebanischen Jünglingen ein Rätsel auf. Wer das Rätsel nicht zu lösen vermochte, wurde von ihr verschlungen. Als Ödipus nach Theben kam, trat er der Sphinx entgegen und hörte sich das Rätsel an:

»Was läuft am Morgen auf vier, am Mittag auf zwei und am Abend auf drei Beinen und ist am schwächsten, wenn es auf den meisten läuft?« Ödipus antwortete richtig: »Es ist der Mensch, der als Kind auf allen vieren kriecht, als Erwachsener auf zwei Beinen geht und sich im Alter auf einen Stock stützt.« Daraufhin stürzte sich die Sphinx in den Abgrund und Ödipus heiratete Iokaste, seine Mutter.

Was hat nun dieser griechische Mythos mit der Adoleszentenidentität zu tun? Der äußeren Ablösungs- und Trennungsproblematik von den Eltern in der Pubertät entspricht eine innere, innerseelische Auseinandersetzung mit Eltern-Imagines (verinnerlichten Elternbildern), die Erich Neumann (1954) als symbolischen Kampf mit dem Drachen umschrieb. Mutter-Überwindung oder Mutter-Tötung ist die eine Seite des Mythos vom Kampf des Helden mit dem Drachen. Die andere ist der Vater-Mord bzw. die Kastration des Vaters (Remmler 1988). Gemeint ist damit die Auseinandersetzung mit den mehr unbewussten Anteilen der Persönlichkeit, insbesondere mit der mehr und mehr sich meldenden Sexualität. Diese Entwicklungsphase entspricht der »Nachtmeerfahrt« eines Helden. Erinnert sei an den Argonautenzug in der griechischen Mythologie, an Jason, der auszog, das Goldene Vlies zu suchen und dazu die Gleichaltrigen- oder Peer-Gruppe benötigte; d.h. jene Helden und Mitstreiter, die mit ihm auf seinem Boot Argo in unbekannte Gewässer vorstießen (Nachtmeerfahrt). Damit aber wird die Pubertät zum eigentlichen Beginn der bewusst erlebten Individuation. Das Geheimnis der Sphinx erweist sich als das Geheimnis des Menschen schlechthin: Der Mensch ist die Sphinx selbst; mithin ein Wesen aus Unbewusstheit und Bewusstheit, eine Verschmelzung von Animalität und Vernunft, versinnbildlicht

Die Beziehung zu den Eltern: zugleich äußerer Ablösungsprozess und innerseelische Auseinandersetzung.

im Tier-Mensch-Wesen, wobei der Kopf – als Zeichen der Bewusstheit – stets als menschliches Antlitz dargestellt wird, der Leib hingegen als Tierleib, verwurzelt im Animalischen. Das vermännlichte Ich des Helden tritt dem Drachen des Unbewussten gegenüber, und der drachentötende heilige Georg wird damit zum Symbol des Jugendalters: Als Überwinder der Furcht vor dem Weiblichen, vor dem Abgrund, dem Urschoß und der Gefahr des Unbewussten, in die er hineingeht, vermählt sich der siegreiche Held mit ihr, der »großen Mutter« (im Sinne eines Archetyps von C.G. Jung), die Jünglinge zu kastrieren und – in ihrer Rolle als Sphinx – sie umzubringen pflegt. Es geht demzufolge in der Pubertät vor allem um die Auseinandersetzung mit den verinnerlichten Elternbildern, um die Auseinandersetzung mit dem »guten und dem bösen Aspekt des Mütterlichen« sowie um den »verfolgenden und um den helfenden inneren Vater« (Klosinski 1991).

Die moderne Entwicklungspsychologie geht heute davon aus, dass mit den Begriffen »Identität« und »Selbstkomplexe« Organisationseinheiten des Menschen zu verstehen sind. Wichtig in diesem Zusammenhang ist das Selbstbild als komplexe Struktur des Wissens und Fühlens über sich selbst. Ob eine Entwicklung gesund oder krankhaft verläuft, hängt u.a. davon ab, inwieweit der einzelne Jugendliche davon überzeugt ist, dass er über sich selbst Kontrollkompetenz zu entwickeln vermag. Jugendliche wollen möglichst autonom und »selbstwirksam« sein. Sie erlernen diese Kompetenz, wenn es ihnen gelingt, altersentsprechende Entwicklungsaufgaben positiv zu lösen.

Entwicklungsaufgaben

Um voll in die Erwachsenenwelt integriert zu werden, muss der Jugendliche in unserer Gesellschaft in sechs Aufgabenbereichen seine eigene, individuelle Lösung finden. Er muss Folgendes erreichen:

- eine mehr oder weniger vollständige »äußere« Trennung vom Elternhaus sowie eine »innere« Unabhängigkeit,
- eine psychosexuelle Identität,
- die Fähigkeit, tragende Bindungen aufzubauen und aufrechtzuerhalten und dies sowohl in Bezug auf gegengeschlechtliche, genitale Bindungen als auch in Hinsicht auf psychische Bindungen unter gleichgeschlechtlichen Partnern,
- die Entwicklung eines persönlichen Wert- und Moralsystems,
- die Bereitwilligkeit zur Arbeit und das Hineinfinden in eine entsprechende Tätigkeit und
- eine Rückkehr zu bzw. eine Wiederbegegnung mit den Eltern, wobei sowohl von dem Jugendlichen als auch von den Eltern gegenseitiges partnerschaftliches Anerkennen als Ausgangspunkt der neuen Beziehung Voraussetzung ist.

Bei der Bewältigung dieser Aufgabenbereiche sieht sich der Heranwachsende aufgrund von altersspezifischen psychodynamischen Gegebenheiten und Reifungsprozessen »Extrempositionen« gegenüber, die als Gegensatz in Erscheinung treten, zwischen denen er hin und her schwankt und durch die hindurch er seine eigenen Wege finden muss. Dies sind die Polaritäten Abhängigkeit und Unabhängigkeit, Macht und Ohnmacht (Potenz und Impotenz), Passivität und Aggressivität, Nächstenliebe und Eigenliebe, Identität und Identitätsdiffusion, Rationalität und Irrationalität (Areligiosität und Religiosität). Diesen »menschlichen Rahmenbedingungen« ist auch der Erwachsene im weiteren Lebenslauf ausgesetzt; in der Pubertäts- und Adoleszentenphase erscheinen diese Extrempositionen aber gleichsam brennglasartig vergrößert bzw. akzentuiert.

Was macht es unseren Jugendlichen so schwer, eine halbwegs gelungene Ablösung und Reifung, eine Trennung, »Entzweiung zur Einung«, eine Entfaltung in eine immer wieder neue Ganzheit hinein zu erreichen? Wir kennen alle die unbewussten affektiven Prozesse in der Psycho- und Soziodynamik einer Familie, die zu einem Gleichgewicht der Kräfte beitragen, die aber andererseits zu Bestrebungen des Festhaltens und des Ausstoßens vonseiten der Eltern gegenüber dem Jugendlichen führen. H. E. Richter (1963) hat solche Abhängigkeiten als »Rollensubstitute« und H. Stierlin (1975) als »Delegationen« beschrieben. Dabei geht es darum, dass die Kinder unbewusste Wünsche der Eltern aus Loyalität ihnen gegenüber erfüllen, was dann zur Zeit der Pubertät und Adoleszenz zu erheblichen Konflikten beitragen kann, wenn die Eltern nicht auf ihren Delegierten verzichten können, die Kinder andererseits in Loyalitätskonflikte zwischen die Eltern geraten und die eigenen Emanzipationsbestrebungen zu kurz kommen. Resultat einer dann sich aufbauenden krankhaften Bindung ist z.B. eine Schulphobie oder eine Flucht in Form eines chronischen Weglaufens. Stierlin und Mitarbeiter (1973) sprachen vom zentrifugalen und zentripetalen Ablösungsmuster in solchen Familien. Dies soll an einem Fallbeispiel deutlich werden:

Eine 17-jährige Schülerin wurde mir wegen einer Schulverweigerung und merkwürdigen Angstzuständen vorgestellt.

Sie war Einzelkind einer Familie, die auf einem Weiler wohnte, der aus vier Familien bestand. Die Anamnese ergab, dass die Schulverweigerung zeitlich zusammenfiel mit der Stilllegung eines kleinen Vorortzuges, der den Weiler mit der nächstgrößeren Stadt verband. Hinzu kam, dass eine der drei anderen Familien verzog. Die Familie der Patientin besaß einen Pkw, den der Vater benötigte, um an seine Arbeitsstelle zu gelangen.

Die Mutter wollte, da sie sich zunehmend vereinsamt und abgeschnitten vorkam, wieder Teilzeit arbeiten, was der Vater und Ehemann verbot. In der Folgezeit wurde die Mutter zweimal psychisch krank: Sie bekam einen nächtlichen Angst- und Schreianfall, den der Vater durch Ohrfeigen(!) nicht unter Kontrolle brachte und daher den Hausarzt bemühen musste, der eine Spritze verabreichte. In dieser Zeit entwickelte die Tochter eine Schulphobie und Ängste, die sich auf den Vater bezogen: Sie wähnte des Vaters Geist in seiner Arbeitstasche, wenn dieser von der Arbeit kam und seine Tasche in der Küche abstellte. Diese Tasche musste entfernt werden.

Die Tochter war eine symbiotische Beziehung mit der Mutter eingegangen; beide hatten vorübergehend eine paranoide Wahnvorstellung entwickelt, die den Charakter einer folie à deux annahm mit Ängsten vor dem Vater.

Dieses Beispiel soll zeigen, wie eine Ablösung verhindert wird, wie aus einer Ehekrise der Eltern eine krankhafte Mutter-Tochter- und Vater-Tochter-Beziehung entsteht durch Hilferufe und Signale eines Elternteils an das Kind, in diesem Fall an die Tochter. Die Jugendlichen opfern sich dann auf dem Altar der Ehekrise der Eltern, um Schlimmstes zu verhindern, um durch ihre Aufspaltung in ein krankes »falsches Selbst« und einen verborgenen, gesunden Kern, das »wahre Selbst«, die Familie als Ganzes zu bewahren. Häufig werden die Eltern pubertierender Kinder mit dem Verlust ihrer eigenen Jugend konfrontiert, die sich in diesen Jugendlichen widerspiegelt, des weiteren mit ihrem eigenen Alter und dem endgültigen Abschied von nicht erreichten Zielen.

Zauner (1976) hat die Wechselwirkung zwischen dem Jugendlichen und seinen Eltern im Ablösungskonflikt treffend herausgearbeitet, wenn er formuliert: »Der Heranwachsende muss in der Lage sein, neue Ideale und Weltordnungen aufzurichten und neue tragfähige Beziehungen zu seinen Eltern von einer idealisierenden zu einer realen umzuformen, denn auf dem Boden einer diffus ersehnten, symbiotischen Beziehung, die in der Fantasie weiterbesteht, werden Bindungswünsche zu einer Gefahr. Die Angst, die fantasierten, idealisierten, letzten Endes schützenden verinnerlichten Elternbilder aufzugeben, führt nicht selten zu äußerer Flucht.«

Allgemeine Grundbedürfnisse und typische emotionale Reaktionsweisen

Garrison und Garrison (1975) beschrieben folgende sechs Grundbedürfnisse in der Adoleszenz:

1. Physiologische Bedürfnisse
Hervorzuheben sind das Bedürfnis nach körperlicher und sexueller Betätigung sowie das Bedürfnis, hinsichtlich der eigenen Körperlichkeit anerkannt zu werden.

2. Sicherheitsbedürfnis
Die für die Jugendlichen hinsichtlich ihrer Konsequenzen nur schwer überschaubaren biologischen und psychologischen Veränderungen akzentuieren den Wunsch nach

Sicherheit. Diese wird weniger innerhalb der Familie, sondern eher in der Gruppe Gleichaltriger gesucht.

3. Unabhängigkeitsbedürfnis
Reifungsabläufe und gesellschaftliche Erwartungen lösen einen starken Druck nach Unabhängigkeit aus. Dieser wird durch den Zuwachs an kognitiven Möglichkeiten verstärkt und führt zu Auseinandersetzungen mit den Restriktionen und Erwartungen der Eltern.

4. Bedürfnis nach Zugehörigkeit (Liebesbedürfnis)
Die Abkehr vom Elternhaus, das Gefühl, nicht verstanden zu werden, der Unabhängigkeitsdrang sowie die neuen kognitiven Möglichkeiten führen vielfach zu einer Isolierung der Adoleszenten, was wiederum ein Bedürfnis nach Liebe und Zuneigung mobilisiert.

5. Leistungsbedürfnis (Leistungsmotivation)
Diese hat verschiedene Wurzeln: den Wunsch nach Erprobung der neuen kognitiven Fähigkeiten, die Erlernung von Achtung und Wertschätzung durch Leistung, den Versuch, das andere Geschlecht durch Leistung zu beeindrucken usw.

6. Bedürfnis nach Selbstverwirklichung und Ich-Entwicklung
Die Motivation zur Entwicklung der eigenen Persönlichkeit findet man in der Adolsezenz in allen Kulturen. Sie ist oft verknüpft mit der Leistungsmotivation und mit dem Bedürfnis, anerkannt und akzeptiert zu werden. Selbstverwirklichung und Ich-Entwicklung bedeuten, die eigenen Fähigkeiten zu realisieren und sie fortlaufend weiterzuentwickeln. Diese Motivation korreliert in hohem Maße mit der Entwicklung eines günstigen Selbstkonzeptes.

Typische emotionale Reaktionsmuster in der Adoleszenz sind Impulsivität und emotionale Instabilität, die bedingt sind durch das Wahrnehmen neuer Gefühle, die aber noch keine adäquaten Ausdrucksformen oder Bezugspunkte aufweisen. Jugendliche und Adoleszente neigen zum Experimentieren, zum Ausprobieren, sind risikofreudig und wollen Grenz- und Tiefenerfahrungen, so genannte »Peak Experiences«, erleben. Sie lassen sich dabei durch Mitglieder ihrer Clique sehr leicht beeinflussen, wie der Drogenkonsum von Jugendlichen deutlich macht. Der Hang zum Ausprobieren, zum Erleben des Außergewöhnlichen, Noch-nie-Dagewesenen kommt gelegentlich einer Selbstinitiation gleich, wie dies auch bei Selbstverletzungen und Suizidversuchen der Fall sein kann (Klosinski 1979).

Diese besonderen Grundbedürfnisse und Erlebnisweisen Heranwachsender haben zur Folge, dass bestimmte Formen von »Erlebnisreligionen« für Jugendliche und Adoleszente besonders attraktiv sind: Wenn in Sekten und Psychokulten Körpererfahrung, Tanz und Meditationen vorkommen, und wenn religiöse Erfahrung »zum Anfassen« des Gegenübers führt, dann ist dies unter Umständen ausgesprochen anziehend für Jugendliche (Klosinski 1996). Dies drückt sich auch darin aus, dass religiöse Themen in Form von populären religiösen Liedern bei jungen Menschen besonders gut ankommen: Nicht nur White-Metal-Gruppen beweisen dies, sondern auch der Zulauf zur spirituellen Musik innerhalb der Rockszene ganz allgemein. Das Thema Religion nimmt in den Texten der Rockmusik seit ihrem Aufkommen Mitte der 50er-Jahre einen breiten Platz ein, wobei es insbesondere um die so genannte »religiöse Selbstsuche« bzw. »Selbstverwirklichung« geht. Gerade die Musik ist ein Vehikel ganz besonderer Art, da sie dem Jugendlichen ermöglicht, seinen neuen Gefühlen Ausdruck zu verleihen. Georg Schmid

(1987) formulierte vor diesem Hintergrund: »Die jugendliche Religion ist ein Plädoyer für ein Kennenlernen des Unbekannten, für ein Vertrautwerden mit dem eigenen, inneren Geheimnis. Die Religion des jungen Menschen ist Liebe zu seinem Selbst, das er noch nicht kennt.« Papst Johannes Paul I. soll formuliert haben: »Wahre Musik ist die Versöhnung mit Gott«, wobei er den platonischen Gedanken der Versöhnung von Körper, Seele und Natur mit den Göttern durch Musik bestätigt.

Die Bedeutung der Peer-Gruppe

Am Beginn der Pubertät ist die Gleichaltrigengruppe oft gleichgeschlechtlich und dient auch als Schutz vor einer vorschnellen und zu engen Bindung an gleichaltrige gegengeschlechtliche Jugendliche. Daneben spielt der Busenfreund oder die Busenfreundin als gleichgeschlechtliche intensive Partnerschaft psychologisch eine wichtige Rolle, um vorzubereiten auf die gegengeschlechtliche spätere Bindungsfähigkeit. Die Hinwendung zur Gleichaltrigengruppe hilft dem Jugendlichen im positiven Falle, innerpsychische Konflikte und Veränderungen zu bewältigen, d.h. entwicklungsfördernd zu wirken. Im negativen Falle kann der Jugendliche durch die Gleichaltrigengruppe verführt werden und auf die »schiefe Bahn« geraten. Die Auswirkungen sowohl für die Herkunftsfamilie als auch für die Gesellschaft durch jugendliche Gleichaltrigen-Aktivitäten, sei es im Rahmen von Großgruppierungen oder von kleinen Cliquen, sind erheblich: Die Eltern werden von den Jugendlichen in dieser

Zeit »degradiert«, die Gleichaltrigengruppe bekommt Elternersatzfunktion.

Dabei kann der Jugendpsychiater oder Familienberater im Hinblick auf die Trennungsproblematik und die Wichtigkeit der Peer-Gruppe für den einzelnen Jugendlichen Folgendes feststellen: Je größer die Abhängigkeit vom Elternhaus in Form von innerer Bindung ist oder war, desto größer und heftiger wird die Absetzbewegung der Jugendlichen vollzogen. Gelegentlich kommt es dann bei den Eltern, die sich in einer Ohnmachtssituation erleben, zu einer Ausstoßungstendenz, nachdem vorher eine relativ lange Phase großzügiger »Laisser-faire-Haltung« eingenommen wurde. Nicht erst bei jugendlichen Peer-Gruppen, sondern auch bereits im Kindesalter lassen sich folgende wesentliche Beziehungsmuster ausmachen: Konkurrenz, Kollegialität, Solidarität, Freundschaft und Partnerschaft. Die Peer-Gruppe lässt das Gefühl eines Common Sense entstehen, mit dem man sich identifizieren muss, um dazuzugehören. Ein Wechselspiel aus Kompetenz des Einzelnen und Akzeptiertwerden durch die Mitglieder der Gruppe bewirkt mit die Entwicklung eines positiven Selbstwertgefühls: Damit kann die Gleichaltrigengruppe als ein entwicklungsförderliches Übungsfeld angesehen werden, das notwendig ist, um sich von den Beziehungen zu den primären Bezugspersonen, d.h. von Vater und Mutter, zu lösen.

Beziehungen zu Gleichaltrigen: die Bedeutung der Peer-Gruppe.

Resch (1996) formulierte: »Durch Konkurrenz und Rivalität wird das Prestige in der Gruppe erworben. Konkurrenz kann Triebfeder sein, aber auch Ausschluss und Entwertungskriterien hervorbringen. Kollegialität beinhaltet das Einhalten von Spielregeln im Gruppenprozess. Fairness im Umgang und Vertragsverantwortlichkeit sowie Anerkennung der Leistungen des anderen in der eigenen Position in der Gesamtgruppe kennzeichnen diesen Begriff. Konkurrenz ohne Kollegialität kann menschenverachtende Dimensionen erreichen. Solidarität stellt die Schutzfunktion der Gruppe gegenüber einzelnen Mitgliedern nach außen dar. Freundschaft ist hochselektiv und vertrauensvoll, sodass wechselseitige Bindungsmuster wie zu primären Bezugspersonen entstehen können. Partnerschaft geht über Bindungen durch Verliebtheit und Sexualität noch hinaus und ist durch den Wunsch nach wechselseitiger Förderung, Kümmernis und Sorge um das Wohlergehen des anderen gekennzeichnet. Partnerschaft, die den Charakter von Intimität und Bindung gegenüber freundschaftlicher Beziehung noch vertieft, bildet die Voraussetzung für neue Elternschaft.«

Jugendliche lassen sich in der Gruppe zu Handlungen und Aktivitäten hinreißen, die sie als Einzelne oft niemals tun würden. Dies zeigt sich u.a. auch in typischen Gruppendelikten Jugendlicher. Wie ist dies erklärlich? Mit der zunehmenden Hinwendung des Jugendlichen an die Gleichaltrigengruppe in der Pubertät und Adoleszenz wird eine zunehmende potenzielle intrafamiliale Gewalt, die vom Jugendlichen ausgeht, zum Teil nach außen verlagert. Bisherige Geborgenheitsgefühle in der Familie verwandeln sich jetzt in enge Intimität und Ängste, kleingehalten oder gar »vergewaltigt« zu werden. Familientraditionen werden oft als Zwänge erlebt. Der damit eingeleitete Wandel und die Übernahme eines Teils der Elternfunktion durch die Peer-Gruppe bedeuten Verunsicherung, Rebellion und Suche nach neuer seelischer Heimat, einschließlich neuer Sinn- und Wertvorstellungen. Die Entwertung der Eltern scheint proportional mit der Überhöhung von Idolen und der Unterwerfung unter die Regeln der Gleichaltrigengruppen einherzugehen. Stellen sich die Eltern diesem Wandel zu sehr in den Weg, kommt es zum Kampf, zur Adoleszentenkrise mit reaktiver intrafamilialer Gewalt auf beiden Seiten. Die Bedeutung der Peer-Gruppe für aggressives und abweisendes Verhalten wird in ihrer Bedeutung häufig unterschätzt: Körperlich akzelerierte (also fortgeschritten entwickelte) Kinder und Jugendliche, die den Risikopfad der Frühentwicklung beschreiten, sich stark im Ablösungs- und Autoritätskonflikt mit den Eltern befinden und sich einer Clique anschließen, unterliegen desto mehr der Gruppendynamik, je weniger Einfluss die Eltern noch auf sie ausüben. Gewalttätige Jugendliche sind überdurchschnittlich häufig in Jugend-Cliquen, in denen ein hohes Maß an Gewaltakzeptanz besteht (Eisner et al. 2000).

Wegen der Bedeutung dieser Peer-Gruppen für delinquentes und aggressives Verhalten sei auf vier Gesetze der Gruppendynamik verwiesen, wie sie Battegay (1986) formuliert hat:

- Das erste ist das Gesetz der *Konvergenz der Meinungen und Verhaltensweisen*: Jede Gruppe tendiert dahin, abweichende Meinungen und Haltungen auf ein Mittelmaß zusammenzudrücken. Dieser Mechanismus, der für den Zusammenhalt von Gruppen wesentlich ist, führt dazu, prinzipiell alles Fremdartige vom Leben der eigenen Gruppe auszuschließen bzw. von vornherein abzuwehren.

- Das zweite Gesetz der Gruppendynamik knüpft hier an: Jede Gruppenbildung basiert auf der Bindung der innerhalb der Gruppe auftretenden Aggression durch die Aufstellung einer eindeutigen *Rang- und »Hackordnung«*. Die Führer, die »Alpha-Mitglieder« der Gruppe, werden definiert, man ordnet sich ihnen unter.

- An dritter Stelle kann folgendes psychodynamisches Gesetz formuliert werden: Jede Gruppe definiert sich durch einen *gemeinsamen Gegner*, gegen den sie zu kämpfen versucht und gegen den sie gemeinsam zusammensteht (Außenfeind).

- Hinzu kommt noch ein viertes, verstärkendes Prinzip: Die innere Psychodynamik muss umso krasser und ungehemmter wirken, je stärker die Gruppe sich von innen oder außen bedroht fühlt und je größer der *Faktor der Angst* ist. Unter dem Druck der Angst wird die Gruppe den Kampf gegen die gemeinsame Gefahr, gegen den Außenfeind, aufnehmen und dadurch vom inneren Konflikt ablenken. Diese Gesetzmäßigkeit führt in aller Regel dazu, dass in einer Gruppe eine Abgrenzung aufgebaut wird, die das Gemeinschaftsgefühl verstärkt und gleichzeitig bei Gefahr einen Außenfeind aufzuweisen hat, den es gemeinsam zu bekämpfen gilt. Gruppen leiten über diesen Mechanismus aggressives Potenzial nach außen ab (dies gilt nicht nur für jugendliche Cliquen, sondern genauso für Familien, für Großgruppen und für Volksgruppen!).

Die kreative Potenz

»Jugend ist beständige Trunkenheit:
Sie ist das Fieber der Vernunft.«
LA ROCHEFOUCAULD

Zur Kreativität in der Adoleszenz

Betrachten wir die Zeitspanne vom Beginn der Pubertät bis zur Spätadoleszenz (vom 12. bis zum 18. Lebensjahr) in Bezug auf das schöpferische Potenzial der Jugendlichen, so stellen wir fest, dass die künstlerische Kreativität in dieser Lebensphase unterschiedlich ausgeprägt sein kann, oft vorübergehend aufbricht, um dann wieder zu verschwinden. Dies erstaunt, da gerade in der Jugendzeit wesentliche Bedingungen und Voraussetzungen vorliegen, die bekanntermaßen bei Künstlern zu schöpferischen Arbeiten führen. Um sich den verschiedenen Teilaspekten des Phänomens (bzw. Konstruktes) Kreativität zu nähern, ist es notwendig, drei verschiedene, sich ergänzende Zugänge zur Analyse der Kreativität zu eröffnen: Sie beziehen sich erstens auf die kreative Persönlichkeit, ihre Merkmale und Fähigkeiten, zweitens auf das schöpferische Produkt und drittens auf den schöpferischen Prozess. Zunächst soll auf diese drei Aspekte bei

Kreative Persönlichkeit, schöpferisches Produkt, schöpferischer Prozess: drei Aspekte der Analyse von Kreativität.

künstlerischen Menschen eingegangen werden, um dann die Frage zu stellen, inwieweit sie auch auf Adoleszente zutreffen, die in einer zweifelsohne sehr stürmischen, kreativen und metamorphosenreichen Phase leben.

Persönlichkeitsmerkmale schöpferischer Menschen

Hinsichtlich der Persönlichkeitsmerkmale kreativer Persönlichkeiten wurde bereits vor fast 50 Jahren von Guilford (1959) auf folgende charakteristische Merkmale und Fähigkeiten hingewiesen: Geläufigkeit (fluency), Beweglichkeit (flexibility), Ausarbeitung (elaboration), Originalität, Problemsensitivität und Neudefinierungsfähigkeit. Ferner scheint als wichtiges Merkmal die so genannte »Ambiguitätstoleranz« bei kreativen Menschen eine entscheidende Rolle zu spielen. Diese lässt sich als die Fähigkeit definieren, in einer problematischen und unübersichtlichen Situation zu existieren und trotzdem unermüdlich an deren Bewältigung zu arbeiten. Der Kreative kann die Ungelöstheit eines Problems lange aushalten, ohne die intensive Arbeit an ihm aufzugeben. Ferner werden dem Kreativen Feminität der Interessen, Selbstgenügsamkeit und Selbstvertrauen in das kreative Wirken zugesprochen.

Die kreative Persönlichkeit

Niederland und Englewood (1978) glaubten, durch ihre Analysen künstlerisch begabter Menschen einige gemeinsame Faktoren nennen zu können, die sich bei schöpferischen Persönlichkeiten ungemein häufig und ausgeprägt finden. Dazu zählten sie:

- Verwirrende Erlebnisse des Künstlers, vornehmlich im Bereich der »sensorisch-koenästhetisch-visuell-auditiven Erfahrung«. Diesen Erlebnissen entspringe die Neigung zu »kreativem Staunen«. Sie diskutierten, ob die Fähigkeit des Künstlers, sich die gefühlsstarke Erfahrung des Staunens zu erhalten, vielleicht mit einem teilweisen Verschwimmen oder Verwischen der Ich-Grenzen zu tun habe oder zumindest mit einer nicht sehr festen Abgrenzung von Selbst und Nicht-Selbst.

- Es wurde von den Autoren auf die Einsamkeit des Künstlers hingewiesen. Dabei zitieren sie Leonardo da Vinci: »Der Maler muss allein leben, betrachten, was sein Auge sieht, und mit sich selbst kommunizieren.«

- Körpergefühl und Wahrnehmung seien bei künstlerischen Menschen verändert.

- Ein wichtiges Persönlichkeitsmerkmal sei das so genannte »ozeanische Gefühl«, wobei die Autoren eine Art Nostalgiegefühl meinen. Es wird von ihnen auf Prousts *Auf der Suche nach der verlorenen Zeit* verwiesen, wo er sagt: »Das wahre Paradies ist das Paradies, das man verloren hat.«

- Als letztes Kriterium wird die Traurigkeit und Trauer nach einem Verlust angeführt. So sei z.B. der Tod eines geliebten Menschen oder der Weggang einer wichtigen oder beschützenden Person gleichbedeutend mit einer Veränderung oder Beeinträchtigung des Körper-Selbst. Die Autoren zitieren Rose (1973): »Der urspüngliche Verlust in der Psyche des Künstlers bezieht sich auf die dyadische Einheit mit der Mutter, und die schöpferische Handlung befriedigt den unbewussten Wunsch, dies erlebte Eins-Sein mit der Mutter wieder zurückzugewinnen.«

Der kreative Prozess

Was den kreativen Prozess anbelangt, so sehen einige Autoren denselben als Problemlösung, denn jede Problemlösungssituation fordere vom Individuum kreatives Denken. Kreativität, so wird postuliert, sei ein Prozess der Formgebung von Ideen oder Hypothesen, des Testens dieser Ideen und der Kommunikation der Resultate. Psychoanalytische Autoren haben den schöpferischen Prozess als ein Eintauchen des Ich-Bewusstseins in mehr unbewusste, dem Ich entzogene Bereiche der Persönlichkeit zugeordnet. Man sprach davon, dass Kreativität überhaupt nur dank einer »Regression des Ich« möglich ist: In der Fantasie, in Träumen ebenso wie in Intoxikationszuständen und bei Müdigkeit sei eine solche Regression der Funktionen des Ich vorherrschend. Solche Zustände würden den Prozess der Inspiration begünstigen.

Anhänger der assoziationspsychologischen Schule definieren Kreativität »als eine Umformung assoziativer Elemente zu neuen Kombinationen, die spezifischen Forderungen entsprechen oder auf irgendeine Weise nützlich sind« (Mednick 1962). Wieder andere (Stein 1962) sehen den kreativen Prozess als eine »intra- und interpersonale Kommunikation«.

Das kreative Produkt

Eine der bekanntesten und anerkanntesten Definitionen für das kreative Produkt ist die von Ghiselin (1963): »Kreative Leistung ist ... die erstmalige Formgebung eines Bedeutungsuniversums, der Ausdruck davon, wie das Individuum seine Welt und sich selbst versteht.« Andere Autoren haben zwischen zwei verschiedenen Arten des kreativen Produktes unterschieden: zwischen dem greifbaren und von der Kultur anerkannten Produkt und einem »psychologischen

Produkt«, das nicht greifbar sei, sondern ausgedrückte oder nur gedachte Ideen sein können.

Bezieht man nun die oben genannten generellen Aspekte des Kreativ-Schöpferischen bei künstlerischen Persönlichkeiten auf die jeweiligen »Phasen« der Pubertät und Adoleszenz, lassen sich folgende Feststellungen treffen:

- In der *Frühadoleszenz* steht die psychologische Reaktion auf die biologische Reifung ganz im Vordergrund. Es fallen in dieser frühen Phase oft schon die Abwehrmechanismen der Kindheit weg. Das Gewissen in Form von Scham und Schuldgefühl (im Sinne einer Über-Ich-Instanz) nimmt als Kontrollinstanz in seiner Wirkung ab. Dem kindlichen Denken noch sehr nahe oder gerade erst entsprungen, beantworten die Mädchen und Jungen den Einbruch des Triebhaften und Sexuellen oft mit »magischen« Vorstellungen. Die wahrgenommenen Veränderungen des Körpers, die zunehmende Sicht der Betroffenen nach innen und der beginnende Rückzug in einen innerseelischen Dialog bewirken ein »Aufblühen der Fantasie«, das sich insbesondere in Tagträumen und lebhaften Imaginationen niederschlägt. Kreatives Tun rückt eher zugunsten einer kreativen Einstellung und Imagination in den Hintergrund. Das kindliche Spiel, bei dem sich die Vorstellung des Kindes sofort in der Handlung niederschlug, wird nicht mehr so ungezwungen und unreflektiert erlebt, sondern wird mehr und mehr als »albern« und nicht mehr adäquat empfunden. Häufig sind Jugendliche in diesem Alter mit ihren eigenen Zeichnungen nicht mehr zufrieden, weil sie ihnen nicht »genügen«, »der Realität« nicht entsprechen.

- In der mittleren oder eigentlichen *Adoleszenz* (Hochpubertät) sind sowohl das Fantasieleben als auch die schöpferischen Tätigkeiten auf ihrem Höhepunkt. Die zunehmende Isolierung durch Rückzugsverhalten und die Gefahr eines »Ich-Verlustes« gibt bei manchen Jugendlichen zu Angst und Panik Anlass. Neue Abwehrformationen gegen die Triebhaftigkeit werden notwendig. Zunehmend lernt es der Jugendliche, über die Probehandlungen der Fantasie hinaus seine Fantasie und Einfälle bildlich gesprochen »festzuhalten« und umzusetzen: Es entstehen Tagebücher, Gedichte und Bilder. Die in der Fantasie sich entwickelnde »Nebenrealität« kann jetzt vermehrt bearbeitet und gestaltet werden, dank der erstarkenden Ich-Funktionen und des Aufbaus eines »Ich-Ideals«. Ein Nebeneinander von oft überhöhtem Selbstwertgefühl und »ausgeliefertem Verliebtsein« bewirkt offensichtlich einen Anreiz für Produktiv-Schöpferisches auf allen musischen Gebieten.

- *Spätadoleszenz*: Die auffallende Abnahme einer oft erstaunlichen Kreativität am Ende der Adoleszenz zeigt, dass es sich bei den schöpferischen Betätigungen wohl mit um eine Funktion des Adoleszentenprozesses selbst gehandelt hat. Die erhöhte Introspektion und die psychische Nähe zu inneren Prozessen zusammen mit der Distanz von der Außenwelt gaben dem Adoleszenten einen Grad von Freiheit des Erlebens und Zugangs zu seinen Gefühlen, die einen Zustand von feiner Empfindsamkeit und subtilem Wahrnehmungsvermögen förderten. Die Spätadoleszenz dagegen stellt eine Phase der Konsolidierung dar, die bereits mit einer vermehrten Zuwendung der Umwelt und Berufswelt gegenüber einhergeht. Die geschilderten Charakteristika, die zu kreativem Tun Voraussetzung zu sein scheinen, wie Einsamkeitsgefühle, »Probehandlungen in der Fantasie« und »heimliches Verliebtsein« treffen immer weniger zu, je mehr es dem Heranwachsenden gelingt, von der »Nebenrealität« auf die so genannte normgerechte Realität überzuschwenken. Andererseits können in der Mitte der Adoleszenz entwickelte schöpferische Aktivitäten weiterbestehen und ausgebaut werden, ohne dass dabei der Realitätsbezug wieder aufgegeben werden müsste. Die entscheidende Frage ist, ob es dem Adoleszenten und späteren Erwachsenen weiterhin möglich ist, während des schöpferischen Prozesses, wie Schiller sagt, »die Wachhunde des Intellekts von den Toren des Geistes wegzuholen«, ob es ihm gelingt, ein »kreatives Staunen« zu bewahren, etwas von seiner Kindheit ins Erwachsenenalter hinüberzuretten.

Zusammenfassend lässt sich feststellen, dass die Phase der Adoleszenz selbst ein Teil des kreativen Lebensprozesses ist. Es ist bildlich gesprochen eine Drehscheibe, ein Knotenpunkt, an dem entscheidende Weichenstellungen vorgenommen werden. Der Um- und Ausgestaltung des Körperlichen geht eine psychische Umstrukturierung parallel, wobei entsprechend dem jeweiligen Entwicklungsstand des Körperlichen eine geistig-seelische Kreativität auftritt, die zunächst erst als ungemein fantasievolle kreative Bereitschaft imponiert, um sich dann auf dem Höhepunkt der Adoleszenz auch in kreativ-künstlerischen Produkten niederzuschlagen, um dann meist wieder genauso geheimnisvoll zu verschwinden bzw. verloren zu gehen, wie sie entstanden ist. Gelingt es, den Zugang zum schöpferischen Unbewussten trotz zunehmender eigener Bewusstwerdung und Erstarkung des Intellekts offen zu halten, kann die Aufgabe, die der Jugendliche bei seiner Verselbstständigung zu bewältigen hat, nämlich die integrative, reparative und adaptive Versöhnung mit sich und der Welt vorzunehmen, noch besser gelöst werden.

Möglichkeiten und Grenzen der Kunsttherapie bei Pubertierenden und Adoleszenten

Kunst- und Kreativtherapie bei Jugendlichen zielt durch den Einsatz bildnerischer und gestalterischer Mittel auf die »Mit-Behandlung« von psychischen und psychosomatischen Symptomen und Erkrankungen sowie Störungen des Gefühlsausdrucks ab. Die gestalterischen Medien wie Zeichnen, Malen, Bauen, Modulieren mit Farbe, Papier, Ton, Holz, Stein, Metall, Fotomaterial, Abfällen, Schrott u.v.m., also Materialien, aus denen sich etwas kreativ gestalten lässt, bieten Gelegenheit der nonverbalen Kommunikation und des nonverbalen Ausdrucks. Obwohl das Schaffen eines Kunstwerks nicht primär das therapeutische Ziel ist, kann dennoch der gestaltete Ausdruck ein solches sein. Während in der Kunst-Psychotherapie (Art Psychotherapy) das gestaltete Produkt zu Assoziationen verhelfen und somit einen Zusammenhang von Innenwelt und Außenwelt verdeutlichen soll, impliziert Kunst als Therapie (Art as therapy), dass der schöpferisch-kreative Prozess selbst eine Möglichkeit sein kann, sowohl Gefühlskonflikte beizulegen als auch das Selbstbewusstsein und die individuellen schöpferischen Kräfte zu stärken.

Der Einsatz gestalterischer Mittel wirkt bei Jugendlichen psychotherapeutisch, indem er Affektivität und Emotionalität anspricht. Damit dient der künstlerische Ausdruck bei Jugendlichen u.a. als diagnostischer Zugang zu psychischen Beeinträchtigungen und Erkrankungen (Kriterien sind dabei Farbwahl, Raumlage, Zahlensymbole, formale und inhaltliche Merkmale, Strichstruktur etc.), als direkt einsetzbares Hilfsmittel der Psychotherapie zur Vergegenständlichung unbewusster Zustände, zur Verdeutlichung des psychischen Entwicklungszustandes, zur Freisetzung kreativer Kräfte des Selbst, zur Sublimierung sozial nicht angepasster Triebimpulse, zur Kommunikation mit sich selbst und anderen sowie zur Möglichkeit der Entspannung und Steigerung von Lebensfreude. Damit kommt der kunst- und kreativtherapeutischen Arbeit ein Doppeleffekt zu, nämlich der der Vorbeugung und der heilenden Hilfestellung.

Der künstlerische Ausdruck von Jugendlichen kann den psychischen Entwicklungszustand verdeutlichen.

Pubertierende und Adoleszente haben nicht selten aufgrund einer phasenspezifischen Autoritätsproblematik Schwierigkeiten, sich psychologischen Beratern oder Therapeuten anzuvertrauen. Wenn es gelingt, dass sie über künstlerische Aktivitäten gleichsam mit sich selbst in einen Dialog kommen, kann dies einem Therapeut-Patienten-Dialog entsprechen. Mit anderen Worten: Man kann den kreativen Prozess vergleichen mit einem psychotherapeutischen Dialog, wobei es sich um einen Dialog handelt, bei dem der Künstler mit unterschiedlichen Anteilen seiner eigenen Persönlichkeit Kontakt aufnimmt und sie nutzbar macht. So, wie manche Menschen im so genannten »Klartraum« einerseits wirklich träumen und gleichzeitig wie von außen diesen betrachten können (sie wissen, dass sie träumen, ohne dass der Traum dadurch aufhört und sie aufwachen), vermag der Künstler im gestalterischen Prozess einen Balanceakt vorzunehmen und ein Fließgleichgewicht herzustellen zwischen einem sehr aktiven, aus dem Unbewussten herrührenden, zum Teil chaotischen Fantasieleben und einem gestaltenden, formenden intellektuellen Geschehen, das das Wahrgenommene und Erfüllte festhält, sei es auf der Leinwand oder im Ton etc. Von diesem Zusammenspiel muss schon Francisco de Goya gewusst haben, als er formulierte: »Von der Vernunft verlassen erzeugt die Fantasie unmögliche Ungeheuer; mit ihr vereint ist sie die Mutter der Künste und der Ursprung ihrer Wunder.«

Im Folgenden soll an einem kasuistischen Beispiel auf die therapeutischen Möglichkeiten eines spielerisch-fantasievollen Umgangs in der Spätadoleszenz eingegangen werden:

Die Patientin kam zur Erstvorstellung knapp 18-jährig wegen einer seit drei Jahren anhaltenden Fress-Brechsucht (Bulimie). Früher sei sie dick gewesen, habe abgenommen und sei leicht magersüchtig geworden, die Periode sei mit 14 Jahren wieder verschwunden. Die Patientin hat einen ein Jahr älteren Bruder. Sie war mit 15, 16 Jahren für ein Jahr in den USA zu einem Schüleraustausch, besuchte bei der Erstvorstellung die 12. Klasse des Gymnasiums, möchte Medizin studieren. Zweimal wurden ambulante psychotherapeutische Versuche gestartet, die nach wenigen Stunden abgebrochen wurden vonseiten der Patientin. Häufigkeit des Erbrechens: zwei- bis dreimal pro Woche, das Erbrechen ließe sich aber gelegentlich für eine ganze Woche »unterdrücken«.

Nachdem die Patientin in 14-tägigen Abständen ein halbes Jahr lang ambulant betreut wurde, konnte sie in Gesprächen für sich herausarbeiten, dass sie immer dann wahllos isst, wenn sie wütend auf jemand ist, wenn sie sich machtlos oder ungerecht behandelt fühlt, bzw. wenn sie sich vor etwas drückt, vor etwas Angst hat. Trotz dieser »Erkenntnis« kam es zu keiner Besserung der Symp-

tomatik. Über Träume konnte die Patientin nicht berichten. Aus diesem Grunde schlug der Therapeut ein Fantasiespiel vor. Die Patientin hatte in dieser Stunde, in der das Fantasiespiel vorgeschlagen wird, berichtet, sie habe wieder relativ viel erbrochen. Auf die Frage, ob sie ihr Problem in einem Schlagwort umreißen könne, wählt sie den Begriff »Unzufriedenheit«. Sie wurde ermuntert, dieses Wort von oben nach unten Buchstabe für Buchstabe senkrecht untereinander zu schreiben und in der Waagrechten zu jedem Buchstaben sich ein Wort einfallen zu lassen, wobei sie folgende Worte wählt: Unglück, Neid, Zufriedenheit, Übel, Frust, Reue, Idee, Eigenständigkeit, Denken, Essen, Nutzen, Heute, Erleben, Identität, Treue. Sie wird aufgefordert, aus all diesen Worten einen Schachtelsatz oder ein »Satz-Ungetüm« zu machen, und schreibt Folgendes nieder: »Das Unglück des Neides und das Übel der Zufriedenheit bringen Frust und Reue, dadurch kommt das Essen, ohne Nutzen, ohne zu denken, ohne die Eigenständigkeit, Ideen zu haben, eine Identität, um das Heute zu erleben, ohne selbst frei zu sein!« Der Therapeut merkte an, dass eigentlich so ein Satz wohl kaum einen Sinn machen könne, sie dürfe aber, wenn sie dies wolle, fantasieren, ob ihr zu ihrem »Satz-Ungetüm« etwas einfalle bzw. auffalle. Sie meinte dann, der Schachtelsatz würde ihr einen Sinn machen: Wenn sie an die Zukunft denke, an die Zeit nach dem Abitur, dann »verdrücke« sie sich, fange an zu erbrechen. Reue habe etwas damit zu tun, dass sie wieder angefangen habe zu erbrechen. Ihr falle auch ein, dass sie zu viel denke, dass sie zu perfektionistisch sei.

In der anschließenden Stunde teilte die Patientin zum ersten Mal mit, dass sie am Beginn ihres Erbrechens mit 14, 15 Jahren zum ersten Mal wirklich verliebt gewesen sei. Es habe sich um eine »rein geistige« Beziehung gehandelt. Sie hätte vor anderen aber so getan, als ob sie nicht miteinander befreundet gewesen seien. Nebenher habe sie dann zeitweilig einen anderen Freund gehabt, mit dem sie auch körperlich zusammengewesen sei, ohne jedoch in diesen richtig verliebt gewesen zu sein. Wirklich verliebt sei sie in den anderen gewesen. Der Therapeut wagte eine Deutung: Die Patientin würde mit dem »Fressen« und anschließenden Erbrechen auch zwei Dinge gleichzeitig lieben, ohne sie sozusagen »unter einen Hut zu bringen«: Sie gebe ihrem körperlichen Wunsch nach zu essen, mache dies dann wieder rückgängig, so, als ob nichts gewesen wäre, spucke es wieder aus. Das heißt, sie würde versuchen, es wieder zu trennen, habe damit hintereinander beides, ohne dass es möglich ist, gleichzeitig die beiden Gefühle auszuhalten. Die Patientin wurde daraufhin sehr nachdenklich. In der Folgezeit trat eine deutliche Besserung der Symptomatik ein.

Wenn es uns gelingt, dass der psychotherapeutische Dialog, gleich welchen Therapieverfahrens, etwas vom spielerischen Moment des künstlerischen kreativen Prozesses enthält, kann es zu dem kommen, was der Patient, das Kind im Spiel, und was der Künstler benötigen: Es ist die Hoffnung auf eine positive Zukunft, in der Veränderungen möglich werden, die Hoffnung auf ein Gehaltenwerden, jene früheste psychosoziale Kraft, die von wesentlicher Bedeutung für die Ich-Entwicklung und Stabilisierung der eigenen Identität ist. Sichanvertrauen entspringt einem Kampf zwischen Urvertrauen und Urmisstrauen in der Kindheit und dieser Konflikt muss, dies gilt auch für die Beziehung zwischen dem Therapeuten und dem Adoleszenten, stets neu und in spielerischer Weise erfahren und bewältigt werden. So wie das Kind im Spielen nicht nur Funktionen, Fähigkeiten, Eigenschaften und Leistungen lernt, sondern auch das Menschsein lernt und lebt, so muss der Patient im therapeutischen Dialog wieder Zugang zum spielerischen Anteil seines Wesens erlangen, das mit gespeist wird aus tie-

Im kreativen Prozess Zugang zu den spielerischen Anteilen des eigenen Wesens finden.

feren Schichten seiner Seele, entsprechend dem kreativen Künstler, der immer wieder hinabsteigt und sich anrühren lässt von seinem Bilderschatz der Seele, der sich auseinander setzt mit den Schattenseiten und den integrierenden Anteilen seines eigenen Wesens.

Gesellschaftliche Rahmenbedingungen und Einflussgrößen

»Die Jugend überschätzt das Neueste,
weil sie sich mit ihm gleichaltrig fühlt.
Deshalb ist es ein zweifaches Unglück,
wenn das Neueste zu ihrer Zeit schlecht ist.«
ROBERT MUSIL

Jugendkrise, Spiegelbild unserer Gesellschaftskrise?

Die integrative Aufgabe der Adoleszenz – nämlich: Integration der reifen Sexualität, Selbstfindung, Hineinwachsen in einen sinnvollen Arbeits- und Betätigungsbereich u.a. – wird nur dann möglich werden, wenn erstens die vorpubertären Stufen der sexuellen und psychosozialen Entwicklung normal durchlaufen wurden und zweitens wenn die Erwachsenen Autoritäten und Ideale anbieten und dies in überzeugender Weise. Es wird sich deshalb eine Identitätskrise des Erwachsenen auf die Identitätskrise des Adoleszenten besonders negativ auswirken. In der Adoleszenz überschneidet sich die Lebensgeschichte mit der Gesamtgeschichte, hier werden die Einzelnen in ihren Identitäten bestätigt und die Gesellschaft in ihrem Lebensstil regeneriert.

Auf dem Hintergrund der in den letzten Jahren immer dringlicher werdenden Fragen, die das Leben und Überleben der Menschheit in der Zukunft angehen – ich meine z.B. die Probleme, die sich aus der Bevölkerungsexplosion ergeben, den Nord-Süd-Konflikt, die zunehmende Zerstörung der Ökosysteme, die Energie- und Rohstoffverarmung –, angesichts dieser Probleme steht der erwachsene Mensch unserer Tage ähnlich einem Heranwachsenden vor den Trümmern seines bisher heilen Weltbildes. Die Zunahme pragmatischer Paradoxien, wie etwa paradoxe Handlungsaufforderungen und paradoxe Voraussagen im Leben des heutigen Menschen, lässt Letzteren zunehmend inhumaner erscheinen, denn:

»Menschlich ist nur das, was ich tue, weil es für mich einen Sinn hat, also nur das, was ich verstehe« (Ortega y Gasset 1961).

Es sollen die entwicklungspsychologisch bedingten Probleme der »normativen Krise« Adoleszenz (Erikson, 1966) anhand von sechs Problemkreisen beleuchtet und den tief greifenden Veränderungen unserer Gesellschaft in den letzten Jahrzehnten gegenübergestellt werden. Bei der Auswahl der Problemkreise sei auf Erikson (1963) verwiesen, der fünf spezifische Dimensionen menschlicher Existenz unterscheidet, die in Gegensatzpaaren auftreten und zwischen denen der Jugendliche seinen Weg finden muss. Es sind dies die Polaritäten:

- Abhängigkeit – Unabhängigkeit
- Omnipotenz – Impotenz (Macht-Ohnmachts-Problematik)
- Passivität – Aggressivität
- Altruismus – Narzissmus
- Femininität – Maskulinität. Dieses Gegensatzpaar soll erweitert werden auf die Begriffe

- Identität und Identitätsdiffusion. Ferner soll ein weiterer Bereich hinzugefügt werden, der des
- Rationalismus – Irrationalismus, der den Bereich des Ethischen und Religiösen miteinbezieht.

Diese sechs Problemkreise, die sich zum Teil gegenseitig überschneiden, sollen in zweierlei Hinsicht erörtert werden: erstens als Problemaufgabe des Adoleszenten und zweitens als Ausdruck der Zeitkrise, in die sich der erwachsene Mensch unserer Tage hineingestellt sieht.

Abhängigkeits-Unabhängigkeits-Problematik

In den Gesellschaften der »Entwicklungsländer« haben die Jugendlichen nach einem relativ raschen Übergang in den Erwachsenenstatus Anteil an allen gesellschaftlichen Prozessen. Im Gegensatz hierzu befinden sie sich in den industrialisierten Ländern dieser Welt in einer immer länger werdenden Wartephase zwischen Kindheitsstatus und Erwachsensein. Damit verlängert sich diese psychologische und psychosoziale Adoleszenzphase zunehmend, während die biologischen Entwicklungsphasen im Großen und Ganzen gleich geblieben sind (oder häufig bereits früher beginnen). Diese Phase ergibt sich zum Teil aus einer Ausweitung des Ausbildungssystems infolge komplexer Arbeitsvorgänge; zum anderen haben sich die Familienstrukturen in unserer »westlichen Welt« fortschreitend liberalisiert. Damit verfügen die Adoleszenten über die biologischen Voraussetzungen zur Erwachsenenreife, werden jedoch im psychologischen und psychosozialen Bereich in einen »Wartestand« versetzt, der ihnen nicht erlaubt, so aktiv und verantwortlich an den gesellschaftlichen Prozessen teilzunehmen, wie

Psychosoziales Moratorium: Jugendliche im Wartezustand.

dies möglich wäre. Man spricht vom »psychosozialen Moratorium«, von einem Schonraum, der einerseits notwendig ist, der andererseits aber auch eine Konfliktquelle darstellt, nicht zuletzt deshalb, weil die notwendigen Identifikationsprozesse verzögert ablaufen und nicht an die Übernahme von Verantwortung gekoppelt sind. Diese Situation begünstigt sowohl den Rückzug aus gesellschaftlichen Beziehungen als auch ideologische und radikale Auseinandersetzungen (Remschmidt 1992).

Es ist kein Widerspruch, dass gleichzeitig neben dem Wunsch nach Unabhängigkeit ein außerordentlich großes Bedürfnis nach Sicherheit und einem fest strukturierten Rahmen besteht. Neben dem Kampf um äußere Unabhängigkeit spielt sich psychodynamisch gesehen ein Ringen um Eigenständigkeit und innere Unabhängigkeit ab, wobei dem Integrationsversuch sexueller Ansprüche eine besondere Bedeutung zukommt. Die Neuauflage der bereits in der Kindheit begonnenen Auseinandersetzung zwischen dem Lust- und dem Realitätsprinzip erfährt in der Adoleszenz einen Höhepunkt, der von den Jugendlichen bei noch vorhandener äußerer Abhängigkeit innere Unabhängigkeit verlangt.

Wie zeigt sich eine Abhängigkeits-Unabhängigkeits-Problematik des heutigen Menschen in unserer Gesellschaft?

Die immer engmaschigeren wirtschaftlichen Verflechtungen der Staaten im Rahmen der Globalisierung bei steigenden Bevölkerungszahlen auf dem Hintergrund zur Neige gehender Rohstoffreserven lassen die wachsende wirtschaftliche Abhängigkeit unserer Gesellschaftsordnung deutlich werden. Daneben zeigt sich ein zunehmendes Sicherheitsbedürfnis, das zum Verlust des Freiheitssinnes und des Wagemutes führt, sowie eine Flucht zum Staat, die gleichbedeutend ist mit dem Verlust des eigenständigen, selbstverantwortlichen Bürgersinns. Hingewiesen werden muss auf einen weiteren Punkt, der zu einem Dilemma des heutigen Menschen geführt hat und ihn in eine Identitätskrise stürzt, ähnlich der Identitätsdiffusion eines Adoleszenten: ein durch unsere Konsumgesellschaft und vor allem durch die Werbung bedingtes Leitbild der Jugendlichkeit, das vom Erwachsenen gefordert wird. Das Eigentümliche und Paradoxe dieser hohen Wertung von Infantilität und Juvenilität liegt nun darin, dass sie in einer Zeit geprägt wird, in der die Alterspyramide der Bevölkerung im Begriff ist, sich auf den Kopf zu stellen. Das für den Adoleszenten typische, entwicklungspsychologisch bedingte Suchverhalten sowie seine Sorge und Angst um einen eventuellen Verlust seiner gerade eben erkämpften Unabhängigkeit sind auch Charakteristika unserer Gesellschaft, die man »die mobile Gesellschaft« genannt hat. Die Hochschätzung der Mobilität, die sich in einer Reiselust, einem Arbeits-, Wohn- und Berufswechsel niederschlägt, entspricht einer in hohem Maße allen Traditionen und Normen gegenüber skeptischen Einstellung. Insofern sind viele unserer jugendlichen Aussteiger in ihrem Verhalten auch Ausdruck eines Zeitgeistes, der unsere ganze Gesellschaft ergriffen hat.

Jugendlichkeitswahn in einer überalternden Gesellschaft.

Omnipotenz-Impotenz- bzw. Macht-Ohnmacht-Problematik

Die oben geschilderten Abhängigkeitsverhältnisse und Abhängigkeitswünsche bedingen zum Teil die Impotenzgefühle des Adoleszenten und seine kompensatorischen Omnipotenzfantasien, die durch einen alterstypischen Narzissmus der Jugendlichen noch verstärkt werden. Das Phänomen des psychosozialen Moratoriums bringt es mit sich, dass unsere Adoleszenten noch nicht die Aufgabe in entsprechender Eigenverantwortung übernehmen dürfen, die ihre Altersgenossen z.B. in landwirtschaftlichen Betrieben oder in Ländern der Dritten Welt längst übernommen haben. Die existenzielle Angst der Jugendlichen besteht darin, dass sie keine Zukunft haben in einer Gesellschaft, die zum Teil vorgibt, sie nicht zu benötigen, um selbst weiterexistieren zu können. Der Trend zur Rationalisierung der Betriebe hat insbesondere den nicht genügend qualifizierten Jugendlichen überflüssig gemacht, wie sich an der äußerst schwierigen Vermittlung von Jugendlichen mit schlechtem Hauptschulabschluss oder einem Abschluss der Lernbehindertenschule zeigt.

Nach dem Zusammenbruch des kindlichen Weltbildes droht ein existenzielles Vakuum, das zumindest für eine Minderheit unserer Jugendlichen eine Entwicklung in zweierlei Richtungen zulässt: Entweder kommt es aus dem Erlebnis der Ohnmacht und der Absurdität des Daseins zu einer vollständigen Ablehnung jeglicher Autorität und Ordnung und damit zu einer Verneinung des Anspruchs auf Zukunft und eine bessere Welt, oder aber es wird die derzeitige Ordnung als verlogen, nicht tragfähig und von grundauf schlecht abgelehnt und eine neue, ideale Ordnung postuliert, die nur durch Zerstörung der derzeit gültigen erreicht werden kann. Dabei soll die ideale neue Ordnung möglichst umgehend hergestellt werden, wobei Machbares und Wünschenswertes für den Jugendlichen in seinem neu entdeckten Gefühl der Stärke und der Macht ein und dasselbe zu sein scheinen. Bezüglich der sexuellen Potenz bzw. Impotenz des Adoleszenten muss auf folgende Situation nicht weniger Jugendlicher verwiesen werden: Seitdem die Sexualität ein Markenartikel der Konsumgesellschaft geworden ist, wird sexuelles Versagen beim »Endverbraucher« immer häufiger. Die Folge ist u.a., dass nach der Enttabuisierung der Sexualität und der Entwicklung der Empfängnisverhütung vermehrt junge Menschen trotz der HIV-Infektions-Gefahr unter einen sexuellen Leistungsdruck geraten, sich impotent und als Versager fühlen, wenn sie z.B. in dieser Hinsicht im Klassendurchschnitt »hinterherhinken«.

Inwiefern ist die geschilderte Omnipotenz-Impotenz-Problematik auch Ausdruck unserer Zeit- und Gesellschaftskrise?

Die All- und Ohnmachtssituation des heutigen Menschen zeigt sich in vielen Bereichen unseres Lebens. Dabei ist die Gleichzeitigkeit von Macht und Ohnmacht eines der auffälligsten Charakteristika zahlreicher Absurditäten unserer Gesellschaft. Beispielhaft hierfür ist die riesige Bombe, mit der der Mensch über die Vernichtung, und die winzige Pille, mit der er über die Entstehung des Lebens entscheiden kann. Die grundsätzliche Möglichkeit, über ein Klonen der Sterblichkeit zu entgehen und wie die Götter unsterblich zu werden, beflügelt offenbar jenen Teil der Menschen, die die Endlichkeit ihres Seins nicht akzeptieren können. Der menschliche Entdeckergeist erobert sich den Weltraum, er dringt weiter in die Geheimnisse des Lebens ein. Andererseits fällt der technische Fortschritt wie ein Bumerang auf den Menschen zurück: Er zerstört seine Umwelt, seinen Lebensraum, und dies in immer größerem Ausmaße, wie die Ölpestkatastrophen und der Rückgang der schützenden Ozonschicht in der Atmosphäre zeigen. Wir haben uns an viele solche »Ungereimtheiten« gewöhnt, weil sie scheinbar notwendig sind oder in Kauf genommen werden müssen. Hinzu kommt, dass das Beängstigende an unserer Lage gekennzeichnet ist durch das wachsende Missverhältnis zwischen dem äußeren Aufstieg unserer westlichen Zivilisation, ihren überwältigenden materiellen und technischen Mitteln einerseits und dem Stillstand oder dem zu geringen Fortschritt der inneren, insbesondere der ethischen Kräfte andererseits. Auf unsere Jugend bezogen ist aufgrund einer allgemeinen Verunsicherung, einer falsch verstandenen Liberalisierung und Psychologisierung das entstanden, was Luccioni und Sutter (1969) als »Syndrom der mangelnden erzieherischen Autorität« beschrieben haben, ein Dilemma, das entscheidend mitverantwortlich ist für die Krise unserer Jugend.

Zwischen Allmacht und Ohnmacht: gesellschaftliche Absurditäten.

Passivität – Aggressivität

Am Übergang von der Früh- zur Hochpubertät kommt es oft zu einem »Rückzug« im Sinne einer Introversion und zu einem Einsamkeitsgefühl, das von Passivität und Tagträumerei begleitet ist. 12- bis 15-jährige Jugendliche fühlen sich statistisch häufiger einsam als 16- bis 20-Jährige, wobei zwischen Jungen und Mädchen kein gesicherter Unterschied besteht (Ostrov und Offer 1978).

Aggressivität als Acting-out-Verhalten bei Jugendlichen kann viele Ursachen haben, die einerseits entwicklungsbedingt und noch normal sind, wie z.B. pubertäres männliches

Imponiergehabe. Die Aggression kann andererseits aber auch als Reaktion auf die zahlreichen Widersprüchlichkeiten der Erwachsenenwelt verstanden werden. Für den Adoleszenten scheinen drei Dinge von grundlegender Bedeutung zu sein:

- Die Notwendigkeit, halbe oder falsche Lösungen zu vermeiden.
- Der Adoleszente muss trotzen und herausfordern können in einer Umgebung, die gleichzeitig auch eine Abhängigkeit bedingt.
- Der Adoleszente muss die Möglichkeit bekommen, immer wieder gegen die Gesellschaft anzugehen, sodass der gegensätzliche Standpunkt der Gesellschaft deutlich wird, dem der Jugendliche seinen Widerstand entgegenbringen kann.

Ein gewisses Maß an aggressivem Verhalten ist insofern geradezu eine Bedingung, damit die Adoleszenz als wichtige Entwicklungsphase zur Eigenständigkeit hin glücklich durchlaufen werden kann.

Inwiefern ist Passivität – Aggressivität ein Problem in unserer Gesellschaft?

Die negativen Seiten unseres »Wohlfahrtsstaates« wie Passivität, Duckmäusertum und Verlust der Zivilcourage sind Ausdruck des »verwalteten Menschen« und die Früchte eines stetig wachsenden Sicherheitsstrebens. Man hat unsere Gesellschaft ironisch auch die »Versorgtseins-Gesellschaft« genannt und wir müssen feststellen, dass der Ruf der französischen Revolution »Liberté, egalité, fraternité« sich heute gewandelt hat in »Securité, egalité, fraternité«.

Konrad Lorenz hat einmal die Auswirkung der Zivilisation auf die menschliche Gesellschaft in Parallele zur Domestikation von Haustieren gestellt: Der heutige Mensch gerät mehr und mehr in den Bann einer selbst verursachten Scheinkultur, die vor allem durch Sicherheits-, Bequemlichkeits- und Genussstreben gekennzeichnet ist, und er ähnelt dabei in der Tat dem domestizierten Tier. Durch die modernen Nachrichtentechniken und Massenmedien sind wir vermehrt und gezwungenermaßen passive Zuschauer der »Weltbühne« geworden. Ereignisse wie Kriege und Katastrophen werden in sachlich-informativer Weise dargereicht, ohne dass oftmals ausreichende Zeit verbleibt, solche emotionalen Erschütterungen psychisch zu verarbeiten: Es folgt ein Werbespot oder ein Unterhaltungsprogramm. Die Folge ist u.a., dass Abstumpfung, Gleichgültigkeit und Passivität mitunter Schutzfunktionen gegen solche potenziellen emotionalen Wechselbäder darstellen.

Altruismus – Egoismus und Narzissmus

Die narzisstische Selbstaufblähung zeigt sich in der Arroganz und Rebellion des Heranwachsenden sowie in seinem Widerstand gegen Gesetze und in seiner Missachtung der elterlichen Autorität gegenüber. Wir wissen aber auch, dass derselbe Jugendliche – der um Wahrhaftigkeit, Aufrichtigkeit und neue, für ihn »echte« ethische Werte ringt – sich aufgrund seiner schnellen Identifikationsfähigkeit und seiner Sehnsucht nach neuen Vorbildern mit großem Engagement einer Clique, einem Freund oder einem Partner zuwendet. Gelingt es dem Adoleszenten in der Zeit der Kommunikationskrise und des Generationenkonfliktes nur schwer, zu einer echten unverkrampften Wahrhaftigkeit zu finden, dann ist er noch mehr

Gestörte zwischenmenschliche Kommunikation im Informations- und Kommunikationszeitalter.

in Gefahr, sich abzukapseln und zu vereinsamen, wie er dies ohnehin aufgrund innerseelischer Labilisierung und Abgrenzungsproblematik vornimmt. Er wird in Selbstverteidigung die Rolle des Egozentrikers kultivieren, alle Ansprüche der Gesellschaft attackieren und zugleich Ersatzformen für schmerzlich Vermisstes aufbauen. Trotz einer ungeahnten Fülle von Kommunikationsmitteln und -möglichkeiten leben nicht wenige Adoleszente in einer Epoche hochgradig gestörter zwischenmenschlicher Kommunikation, wo die Haltung des »für mich« über die Fähigkeit zu einem »wir«, einem »für dich« dominiert. Aber dies ist eine Hauptaufgabe des Adoleszenten: Im Mittelpunkt seines Problems, die Sexualität zu integrieren, steht das Phänomen der Partnerschaft, das der Wir-Bildung.

Gibt es die Problematik Egoismus versus Altruismus in unserer Gesellschaft?

Neben einer Entwicklung unserer Gesellschaft, die Tendenzen zur Vermassung, Verwaltung und Entpersonifizierung des Menschen zeigt, in der mancher nur noch als Konsumentennummer existent erscheint, gibt es eine gegenläufige, nicht weniger folgenschwere Entwicklung, die den Einzelmenschen zum Maß aller Dinge gemacht hat und die in der Weltanschauung einer konsequenten Diesseitigkeit befangen ist. Ein immer stärker um sich greifender Leistungsdruck, der bereits in der Vorschule beginnt und sich in die Universitäten hinein fortsetzt, bringt es mit sich, dass Konkurrenzdenken, Rivalisieren und egozentrisches Verhalten von Kindheit an herangezüchtet werden. Der Verlust an Selbstlosigkeit wird in unserer Welt des Konsums durch die Gier des »Habenwollens« zu kompensieren versucht. H. E. Richter (1974), der Solidaritätsstreben als Auswegversuch des Individuums ansieht, sich in der modernen Massengesellschaft überhaupt noch zu verwirklichen, meint, das Individuum müsse es wieder lernen, die anderen »mitzudenken«: »Allein geht es – das Individuum – kaputt. Allein wird es erdrückt als ein universell verwaltetes, manipuliertes, von einer übermächtigen Reizfülle eingeschüchtertes Ich, das aus sich heraus nichts mehr bewegen kann.« Solidarität erscheint somit als eine wiedergefundene Form der verloren gegangenen Nächstenliebe.

Identität und Identitätsdiffusion in der Adoleszenz

Die Identitätsschritte des Kleinkindes bis ins Schulalter werden in der normativen Krise der Adoleszenz und ganz besonders in der krankhaften Adoleszentenkrise nochmals durchlebt, um eine neue, die Sexualität einschließende Identität finden zu können. Dabei lassen sich diese unterschiedlichen »Identitätsgefühle« wie folgt formulieren:

- »Ich bin, was ich an Hoffnung habe«: Dies würde dem Identitätsgefühl der frühesten Kindheit entsprechen.
- »Ich bin, soweit ich gewillt und fähig bin, ich selbst zu sein«: Dies entspricht dem Identitätsgefühl des autonomen Willens in der frühen Kindheit.
- »Ich bin so viel, wie ich Gefühl an Initiative verspüre«: Dies entspricht dem Identitätsgefühl der Initiative in der Kindheit.
- »Ich bin dann und insoweit, wie ich mich mit einer Aufgabe identifizieren kann«: Dies würde dem Identitätsgefühl im Schulalter, gebraucht zu werden, entsprechen.

Es stellt sich die Frage, inwieweit diese Identitätsformen ausreichend intensiv erlebt werden konnten, damit der Jugendliche, der in eine »physiologische Identitätsdiffusion« hineingeht, am Ende sich selbst wieder neu finden kann. Dies wird entscheidend von den angebotenen Vorbildern, Idealen und Idolen der Umwelt abhängen und ganz besonders von den Eltern. Identifikation alleine reicht zum Erleben der Identität nicht aus. Identität und Identitätsstörung sind abhängig von einer Beständigkeit bzw. Unbeständigkeit zwischenmenschlicher Beziehung und Erfahrung. So ist Identität gleichsam mit ein Spiegelbild der Gesellschaft und Ausdruck einer Interaktion zwischen Ich und sozialem Umfeld. Im Zentrum dieser »psychosozialen Identität« steht die Frage: »Wie bin ich? Wie möchte ich sein? Für wen hält man mich?« Die Beantwortung dieser Fragen kann nicht geschehen ohne Orientierung an Vorbildern im familiären und außerfamiliären Bereich.

Notwendige Orientierung an verlässlichen Vorbildern.

Gibt es eine Identitätskrise des heutigen Menschen in unserer Gesellschaft?

Ähnlich einem Pubertierenden steht der erwachsene Mensch unserer Tage in einer Krise hinsichtlich seines Selbstverständnisses. Auch er muss sich mit dem Gefühl auseinander setzen, womöglich überflüssig zu sein, z.B. mit 40 Jahren schon »zum alten Eisen« zu gehören. Nicht selten sieht er sich Paradoxien und Sinnlosigkeiten gegenüber, wobei es mitunter völlig irrelevant zu sein scheint, wie er sich entscheidet. Der Zerfall der Großfamilie und die steigenden Zahlen der Scheidungen machen die Verunsicherung, die tief greifende Beziehungsstörung des heutigen Menschen deutlich. Aus der Fülle der Beispiele, die man hier aufführen könnte, soll das Modeverhalten vieler Menschen herausgegriffen werden, um die Suche nach Identität zu verdeutlichen. Es sei Alfred Döblin zitiert, der das Verhalten seiner

Landsleute diesbezüglich persifliert hat: »Die Mode ist gesellschaftsbildend. Es werden immer neue Abzeichen geschaffen. Wer sie nicht anlegt, gehört nicht zum Club. Indem man sie anlegt, ist man ohne weiteres in den Club aufgenommen. Immer von neuem muss man seine Zugehörigkeit bekräftigen, die Mitgliedschaft erlischt in wenigen Monaten.«

Rationalismus – Irrationalismus und Areligiosität – Religiosität

Mit dem Eintritt in die Pubertät wird es dem Jugendlichen immer mehr möglich, mit abstrakten Begriffen zu operieren, er verlangt nach rationalen Begründungen, er hinterfragt bisher Gültiges und stellt es in Zweifel. Es ist das uralte antinomische Verhältnis von »Glauben und Wissen«, das im Jugendalter erlebt und durchkämpft wird. Ziel aller seelisch-geistigen Entwicklung in der Adoleszenz ist die totale Sinngebung und Sinnerfahrung im persönlichen Leben. Dieses Ziel strebt der Jugendliche umso mehr an, je mehr er der kindlichen verinnerlichten Elternbilder verlustig geht und neue innere Bilder in Form von Idolen und »Ersatzeltern« suchen muss. Eduard Spranger (1925) schreibt in seiner Abhandlung über die religiöse Entwicklung des Jugendlichen: »... und so erscheint denn zuletzt die jugendliche Entwicklung nicht mehr als ein vielfach Geteiltes, sondern als ein Ringen um den Zentralsinn. Weit über das hinaus, was im historischen und theologischen Sinne Religion genannt wird, ist das Kreisen um dieses geahnte und gesuchte Zentrum religiös.«

Auf den Hang zum Okkultismus bei Jugendlichen wird in Kapitel »Sinnsuche und religiöse Dimension im Jugendalter« noch eingegangen.

Wie steht es mit dem Verhältnis Rationalismus – Irrationalismus und Areligiosität – Religiosität in unserer Gesellschaft?

»Eine im Prinzip naturwissenschaftliche Bildung gründet sich in der Hauptsache auf statistische Wahrheiten und auf abstrakte Erkenntnisse, vermittelt also eine unrealistische, rationale Weltanschauung, in welcher der individuelle Fall als bloßes Randphänomen keine Rolle spielt. Das Individuum aber ist als eine irrationale Gegebenheit der eigentliche Wirklichkeitsträger, d.h. der konkrete Mensch, im Gegensatz zu dem nicht wirklichen Ideal- bzw. Normalmenschen, auf den sich die wissenschaftlichen Aussagen beziehen.« Diese Sätze stammen von C. G. Jung, der die Religion im Lichte der Kompensation der Vermassung sah (Jung, 1957). Aus Jungs Sicht bedeutet Religion Abhängigkeit von und Unterwerfung unter irrationale Gegebenheiten, welche sich nicht direkt auf soziale und physische Bedingungen beziehen, sondern vielmehr auf die psychische Einstellung des Individuums.

Man kann die Neigung und die Bereitschaft unserer Zeit für das Okkulte und Esoterische auch als einen verfehlten Versuch ansehen, die Entzauberung und »Entgötterung« der Welt, die letztlich Folge des Rationalismus und der Rationalisierung sind, wieder auszugleichen – so wie sich der Verlust an Lebensunmittelbarkeit in unserer verplanten Welt einen Ersatz und eine Kompensation in einem geistlosen Kult des primitiven und grob Sinnlichen schafft. Der westliche Mensch versucht, mittels seines Verstandes Ordnung in sein Leben zu bringen. Ein Leben, das schon immer von irrationalen Ängsten geprägt war, jedoch angesichts einer drohenden Selbstvernichtung durch einen atomaren Krieg und der zunehmenden Zerstörung der Umwelt von wachsender Hoffnungslosigkeit gekennzeichnet ist. Dieser Ausweglosigkeit wird oftmals durch ein Verdrängen der bedrohlichen Situation und durch eine Haltung »Nach uns die Sintflut« begegnet. Ohne die Hoffnung vermag der Mensch nicht zu leben, und er sieht seine Hoffnung auf ein besseres Leben durch einen Lebensstandard, der bedroht ist, getrübt. Er klammert sich scheinbar rational – gemäß dem Slogan »Ohne Wirtschaftswachstum kein Fortschritt« – an den Glauben an eine immer weiter wachsende Konsumgesellschaft, ohne sich über die irrationalen Ängste, die diesen Wunschglauben unterhalten, bewusst zu sein.

Die Hinwendung zu Okkultem in einer entzauberten und bedrohlichen Welt.

Es wäre aber zu einseitig und falsch, lediglich die negativen Aspekte der Absetzbewegung Jugendlicher hervorzuheben und das große Engagement vieler Jugendlicher für alternative Lebensformen in seinen konstruktiven Bedeutungen nicht anerkennen zu wollen. Es gibt eine große Zahl von Jugendlichen, die in positiver Weise den Willen zum Aufbau einer neuen Lebensordnung haben, die nicht nur abstrakt eine Grundwertdebatte führen, sondern konkret neue Lebensweisen in Alternativbewegungen suchen und ausprobieren. Was im ersten Augenblick gerne als Flucht und Ausstieg etikettiert wird, erweist sich bei genauerem Hinsehen mitunter als gleichzeitige »Transformation« und konstruktiver Ansatz.

Gedanken zur Jugendkultur

Im psychosozialen Moratorium, in der Zeit, in der die Adoleszenten neue Wege gehen und »die Welt neu erfinden wollen«, grenzen sie sich gegenüber der Erwachsenenwelt ab: Sie unternehmen alles, dass man sowohl an ihrem Körper als auch an ihrem Äußeren die Distanz gegenüber der Erwachsenenwelt sehen kann.

Bucher und Pohl (1986) sprachen von der »optischen Frechheit«, mit der die Inszenierung der jugendlichen Rebellion vorgenommen wird, ausgetragen auf ihrem eigenen Körper und an ihrer Kleidung. Haartracht, Kleidung und Körperausdruck, die eigenwillige Verwendung von Attributen und Symbolen, ihre Veränderung und ihre Entfremdung suchen verzweifelt einen stetig neuen Entwurf von Sprache, Gestik und Erscheinung, um damit zu signalisieren: »Wir, die Jugend, wollen anders sein, anders leben, wir machen uns unsere Kultur selbst und setzen uns von der Erwachsenenwelt ab.«

Jugendliche in unserer Gesellschaft stehen geradezu unter Zugzwang, in einer Jugendkultur leben zu müssen, in einer Art Dauer-Workshop, in dem man immer etwas Neues bringen muss, um »in« zu sein. Bedingt ist diese Situation u.a. durch die große Bedeutung der Visualität, durch die Herrschaft des Sehens über die anderen Sinne. Taktilität ist wenig gefragt, die Berührungs- und Anfassungsscheu ist keineswegs abgebaut. Der Trend heißt Selbstmodellierung, Auffallen gegenüber der Erwachsenenwelt, Sichabsetzen, Sichabtrennen, ohne herauszufallen aus der Peer-Gruppe. Ziel ist es mitunter, vom individuellen Nobody zum auffällig uniformen Kleingruppenstar emporzusteigen, möglichst jedoch in einem

Selbstdarstellung: Sich von den Erwachsenen absetzen, ohne das Gruppengefühl der Peergroup zu verletzen.

Gruppengefühl aufzugehen und gleichzeitig so ganz anders und doch ganz gleich wie die anderen zu sein.

Neben der Peer- und Kleingruppe kann sich der Jugendliche unserer Tage auch vielen Underground- und Countercultures anschließen. Waren es noch Anfang der 60er-Jahre die Hippies, dann die Gammler und Provos, die sich aus der Beat-Bewegung der Nachkriegs-USA formiert hatten, so kamen nach den Rockern und den Skinheads der 70er-Jahre die Teds und Mods, die eine Kette von Jugendkulturen einleiteten: Glitzer-Rock, Punk, New Wave, New Romantics, Grufties und Gothics. Heute steht dem Jugendlichen ein ganzes Repertoire an Protestlarven (wie z.B. Hip-Hop, Grunge, Skater etc.) zur Verfügung, die er abrufen kann. Überdies liefert die Unterhaltungsindustrie präformierte, oppositionelle Posen, Haltungen und Einstellungen, die gerade »in« sind. Der Ort, an dem sich heute die Initiation unserer Jugend abspielt, ist die Unterhaltungsindustrie, die ständig der Frage nachläuft: Wann kommt eine neue Bewegung und bringt den neuen Stil? Moderne Kunst, künstlerische Avantgarde und die verschiedenen Szenen jugendlicher Subkultur scheinen zuweilen eine Liaison eingegangen zu sein, ohne verhindern zu können, dem Trend der Vermarktung zu erliegen.

Es wurde schon darauf hingewiesen, dass in unserer Gesellschaft ein Bedarf an Jugendlichkeit besteht, der das Interesse der Erwachsenengesellschaft an Jugendphänomenen erst verstehbar macht. Ironisch, aber treffend hat Salvador Dalí dies so ausgedrückt: »Der größte Fehler, den die Jugend von heute hat, ist der, dass man nicht mehr zu ihr gehört.« Michael Simon hat den folgenden Aphorismus kreiert: »Der moderne Mensch in seiner Grausamkeit hat ein 11. Gebot erfunden: Du darfst nicht alt aussehen.«

Pubertätsriten: Äquivalente und Defizite in unserer Gesellschaft

Pubertätsriten, wie wir sie heute noch gelegentlich in Ländern der Dritten Welt vorfinden können, sind Initiationsriten, gesellschaftlich sanktioniert am Übergang zwischen Kindheit und Erwachsenenalter. Der Franzose van Gennep (1969) sprach von »rites de passage«, die stets dreiphasig ablaufen: in Form einer Trennung (séparation), dann des Übergangs (marge) und schließlich der Einfügung (agrégation).

Rites de passages sind Übergangsriten, Zeremonien, welche die Krisen im Leben eines Individuums begleiten. Die Funktionen der Pubertätsriten sind vielschichtig:

- Mit der Seperation wird die *Trennung vom Elternhaus*, insbesondere die Trennung von der Mutter und von der Kindheit, vorgenommen. Der Verlust des alten Namens, der »Tod« des bisherigen Individuums und seine Wiedergeburt durch neue Namensgebung und Aufnahme in die Erwachsenenwelt sind entscheidende Merkmale der Pubertätsriten.

- Die Aufnahme oder Wiedergeburt (agrégation) wird nach außen *sichtbar am Körper des »Wiedergeborenen« verewigt*. Trennungsriten gehen deshalb oft mit »verstümmelnden« Operationen am Körper einher. Van Gennep (1969) schreibt: »Das Abschneiden der Vorhaut ist dem Ziehen eines Zahns (in Australien), dem Abschneiden der Spitze des kleinen Fingers (in Südafrika), dem Abschneiden oder der Perforation der Ohrmuscheln und der Nasenscheidewand ebenso äquivalent wie einer Tatauierung, einer Skarifizierung oder einem bestimmten Haarschnitt. Das verstümmelte Individuum wird von der großen Masse der Menschen durch eine Trennungsrite abgesondert, die ihn automatisch in eine bestimmte Gruppe integriert, und da die Operation Spuren hinterlässt, die nicht mehr zu beseitigen sind, ist auch die Integration dauerhaft.«

- Die Initiationsfeiern inszenieren den *Bezug zu den Ahnen*, sie vermitteln identitätssicherndes Wissen über Sitten und Gebräuche. Pubertätsriten dienen insofern auch dem Zweck, die Urzeit (die Ureinwohner Australiens sprechen von der Traumzeit) wiederherzustellen, damit die Gemeinschaft mit neuer Kraft einen neuen Zyklus anfangen kann.

- Bei den Pubertätsriten handelt es sich um einen *Anpassungsprozess*, den Parin und Parin-Matthèy (1978) die »Identifikation mit der Rolle« genannt haben, die Identifikation mit dem Mann- bzw. Frausein ebenso wie mit der Zugehörigkeit zu einer bestimmten Kultur. In diesem Anpassungsprozess ist es ferner Aufgabe der Initiation, den Verlauf der Adoleszenz so zu regulieren, dass die früheren inneren Bilder von der Mutter auf die Verwandtschaftsgruppe übertragen werden.

- Dem äußeren rituellen Geschehen entspricht eine *innerseelische Aufgabe*: Die Bewusstwerdung der »Sphinxhaftigkeit« der eigenen Person. Es ist die Konfrontation mit dem eigenen Unbewussten sowie mit dem animalisch-sexuellen Teil der Persönlichkeit, der integriert werden möchte, der zunehmend bewusst wird, sich dem Bewusstsein in der körperlichen Pubertät aufdrängt.

Wenn die Pubertätsriten die Aufnahme in die Gruppe der Erwachsenen zur Zeit der Reife markieren sollen, so müssen wir uns bezogen auf unsere Gesellschaft fragen, welches denn die Kennzeichen des Erwachsenseins in unserer Kultur sind? Ist es die Zigarette, das Moped, das Motorrad oder erst das Auto? Ist es der Gesellenbrief oder das Abitur, oder ist es etwa erst der 18. bzw. 21. Geburtstag, der auch juristisch die Rechte und Pflichten des Erwachsenseins markiert?

Misst man den Übergang von der Kindheit bis zur vollen Integration in die Erwachsenenwelt mit dem dreiphasischen Ablauf traditioneller Pubertätsriten im Sinne von van Gennep, so zieht sich die Initiation unserer Pubertierenden 10 bis 25 Jahre hin:

Die erste Phase, die Trennung, kommt nur langsam und schleppend in Gang, meist gegen den Widerstand der Eltern. Eine rühmliche Ausnahme macht da z.B. das »Welschjahr« der deutschsprachigen Schweizermädchen nach dem Sekundarschulabschluss: Die etwa 16-jährigen Mädchen gehen traditionsgemäß in einen französischsprachigen Kanton der Westschweiz. Damit ist eine institutionalisierte Trennung hergestellt von der Herkunftsfamilie bei noch gleichzeitiger lockerer Einbindung in die neue Familie.

Die zweite Phase, die Marge (Übergang), ist in unserer Gesellschaft extrem verlängert, in ihr spielen sich die Jugendkultur, die Gegenkultur, die Rebellion und die Alternativszene ab: Es ist die Zeit des psychosozialen Moratoriums. Gerade in unserer Zeit ist in der westlichen Welt Jugend als Bewegung, als dritte Kraft zwischen Kindheit und Erwachsenenwelt in den verschiedensten Formen aufgetreten.

Pubertätsriten als Initiationsriten im traditionellen Sinne sind heute in unserer westlichen Zivilisation weitgehend verschwunden. Übrig geblieben sind Initiationsäquivalente z.B. in Form von religiöser Unterweisung (Konfirmation,

Kommunion) und sexuelle Aufklärung (Sexualkundeunterricht in den Schulen). Das Bedürfnis und die Notwendigkeit nach Unterstützung durch die Familie, Schule und die Gesellschaft bei der Ablösung von der Kindheit und der Eingliederung in die Welt der Erwachsenen sind jedoch trotz des Verschwindens von Pubertätsriten nach wie vor gegeben. Schüleraustauschmöglichkeiten zwischen den Ländern sind als Initiationsäquivalente, die die Trennung (séparation) und den Übergang (marge) beeinhalten, in ihrer Bedeutung nicht zu unterschätzen. Initiationsrudimente bzw. -äquivalente im Bereich des Pfadfindertums oder der Abenteuerpädagogik verhelfen in ihrem Reifungsaspekt dem Jugendlichen dazu, seine Individuation besser zu meistern, das Hineinwachsen in die Peer-Gruppe zu bewerkstelligen, um so die Abgrenzung von und die Eingliederung in die Welt der älteren Generation vornehmen zu können.

Initiationsangebote helfen bei der Eingliederung in die Erwachsenenwelt.

In der Zeit der Pubertät als einer Übergangszeit bedarf es nicht nur der Gleichaltrigengruppe, sondern auch der älteren Freunde und »Neben-« oder »Wahleltern«. Dies kann eine Großmutter, ein Großvater, eine Lehrerin, ein Pate oder ein Onkel sein. Der Jugendliche bedarf eines »Mentors« (Klosinski 1985) besonders dann, wenn gesellschaftlich verankerte Initiationsriten rar geworden sind.

Schule und Familie im Wandel

Der amerikanische Medienkritiker Neil Postman sprach vom Verschwinden der Kindheit als Auswirkung der Massenmedien, welche in der Information dem Kind keinen eigenen Raum mehr lassen. Erst mit dem Erwerb der Kulturtechniken Lesen und Schreiben begann die wirkliche Einbindung des Kindes in unsere Kultur in den letzten Jahrhunderten. Da die Kinder aber heute über das Fernsehen Informationen auch im Kindergartenalter mitbekommen, werden sie – so Postman – ihrer eigentlichen Kindheit beraubt. Wir müssen davon ausgehen, dass unsere heutigen Kinder mehr als die jetzige Eltern- und Großelterngeneration ein zunehmendes Bewusstsein über die globalen Probleme der Menschheit entwickeln, ohne dass die Erwachsenen ihnen einen Weg zeigen könnten, wie diese Probleme zu meistern sind. Deutlich wurde dieses Problem in den neuen Bundesländern nach der »Wende«: Hier war die Jugend im sozialistischen System in Gruppen gut organisiert und hatte in Bezug auf ihren Arbeitsplatz und in Bezug auf Ziele klare Vorgaben und Sicherheiten. Nachdem nach der Wiedervereinigung diese Strukturen wegfielen, waren die Jugendlichen der neuen Bundesländer ganz erheblich verunsichert und in ihren Identitätsgefühlen erschüttert, was sie besonders anfällig für rechtsradikale Ideologismen machte. Intellektuelle Jugendliche und Studenten werden heute konfrontiert mit der so genannten »neuen Einsamkeit der Postmoderne«, mit der apokalyptischen Langeweile des »Danach«. Es fehlt in unserer Gesellschaft an hoffnungsvollen Aufgaben, die eine Perspektive für die Jugend sein könnten. Unsere philosophisch gesellschaftliche Elite, die sich z.B. im so genannten Posthistorismus manifestiert, verweist auf einen Endzustand noch nie da gewesenen neuen Elends, das nach dem Zusammenbruch der großen Menschheitsutopien unleugbar wird.

Nicht wenige unserer Jugendlichen fühlen sich ihrer Zukunft beraubt: Ihnen fehlt der Glaube, gebraucht zu werden, nützlich sein zu können. Einerseits soll die Jugend sich anpassen, einordnen in den Strom derer, die an eine individuelle Selbstverwirklichung und Zukunft glauben und in einer Leistungsgesellschaft Durchsetzungsvermögen und Machtstreben fördern. Andererseits will man vonseiten der Erwachsenen und der Gesellschaft all jenes den Kindern und Jugendlichen aufbürden, das man selbst nicht erreicht hat: wieder mehr Gemeinschaftssinn, mehr Solidarität, mehr Rücksichtnahme, mehr behutsames Umgehen mit der Umwelt. All jene Eigenschaften, die abhanden gekommen zu sein scheinen, werden beklagt und werden dem Verhalten der Jugend vorgeworfen.

Problembereich Schule

Ein anhaltender Trend hin zu weiterführenden Schulen bringt es mit sich, dass die Leistungserwartungen der Eltern deutlich zugenommen haben. In bester Absicht wollen die Eltern für ihre Kinder die optimalen Berufschancen sichern und glauben, dass dies nur über weiterbildende Schulen möglich ist, obwohl heute der Weg zum Abitur auch auf »Nebengeleisen« in vielfältiger Weise noch verzögert möglich ist. Ein Großteil der Kinder, die der Kinder- und Jugendpsychiater zu sehen bekommt, sind falsch eingeschult, schulisch überfordert.

Zu dieser Misere des Leistungsdruckes durch die Eltern kommt noch ein Weiteres hinzu: Die Hauptschulen sind zum Sammelbecken der schlechten Schüler geworden, sind besonders stark angereichert mit Ausländerkindern, die es meist wegen ihrer zunächst vorhandenen Sprachprobleme in den ersten Jahren ihres Aufenthaltes hier nicht vermögen, eine weiterführende Schule zu besuchen. Die Hauptschulen mit besonders hohem Anteil an Migrantenkindern werden aus eben diesem Grunde dann gemieden, sind in Verruf gekommen. Die Hauptschule ist heute nicht mehr die Volksschule oder Allgemeinschule, sondern eine »Sonderschule« geworden. Eine entscheidende Integrationsleistung in Bezug auf unsere ausländischen Mitbürger kommt aber den Hauptschulen, Sonderschulen und Berufsschulen zu, ganz abgesehen von den Kindergärten.

Diese Schulen sind bis heute jedoch weder personell noch materiell ausreichend für diese schwierige Aufgabe ausgestattet: Es müssten hier die besten pädagogischen Kräfte in kleinen Gruppen mit großem Lehrstoffspielraum aktiv werden können. Lehrer müssten auch mehr Vorbildfunktion annehmen können, insbesondere in den Hauptschulen, Realschulen und Oberschulen. Dies ist nur dann möglich, wenn ein Lehrer in derselben Klasse mehrere Fächer unterrichtet. Die frühe Aufsplitterung von Fachlehrern ab der fünften Klasse verhindert es, dass der entsprechende pädagogische Vorbildaspekt genügend wirken kann.

Als Sammelbecken für förderintensive Schüler brauchen Hauptschulen bessere Ausstattung.

Sicherlich kann die Schule nicht als Prügelknabe der Gesellschaft fungieren und Negativentwicklungen in den Familien verhindern. Gleichwohl tut eine größere pädagogische Freiheit für Erziehung im Unterricht Not. In der Schule sollte es nicht zuerst darum gehen, Wissen zu vermitteln, sondern den Kindern und Jugendlichen sollte das Interesse dafür geweckt werden, aus eigenem Antrieb selbstständig und ausdauernd etwas lernen zu wollen. Empirische Untersuchungen im Bereich der Jugendforschung haben nachweisen können, dass als unfair empfundene Leistungsbeurteilungen durch Lehrer und Eltern die Schüler aggressiv machen: Das Gewaltniveau an Schulen mit scharfem Wettbewerb und starkem Leistungsdruck steigt an. Auch zu große Schulen mit anonymen Beziehungen sowie unübersichtliche und ungepflegte Schulgebäude machen Schüler gewalttätig, da sie sich nicht mehr für ihre Schule und für ihre Klassenzimmer verantwortlich fühlen.

Einer mangelnden pädagogischen Verantwortlichkeit vonseiten der Eltern entspricht in manchen Schulen eine mangelnde Fähigkeit vonseiten der Lehrer, in den Pausen ihrer Aufsichtspflicht nachzukommen: Sie schauen lieber weg, wenn Jugendliche handgreiflich gegeneinander vorgehen oder wenn sie ganz offensichtlich mit Drogen handeln.

Die Benotung von Teamgeist und der Fähigkeit, mit anderen gemeinsam etwas zustande zu bringen, sollte mehr gefördert werden und nicht nur die individuelle Leistung, die einseitig Konkurrenzdenken fördert.

Problembereich Familie

Die Probleme der Reifung und Ablösung bei der Entstehung von schweren Neurosen und Psychosen im Jugendalter haben in den letzten Jahrzehnten zunehmende Bedeutung erlangt. Neben dem bereits erwähnten Phänomen eines immer länger werdenden psychosozialen Moratoriums scheinen hierfür auch Veränderungen in der Familienstruktur verantwortlich zu sein. Die Zahl der allein erziehenden Mütter und Väter steigt stetig an. Hinzu kommt ein Geburtenrückgang. Die Verkleinerung der Familie bedeutet für die Kinder einen Schwund an Verwandtschaft. Etwa ein Drittel aller Kinder sind Einzelkinder. Die Kinder dieser Einzelkinder werden die Begriffe Onkel, Tante, Vetter und Cousine nicht mehr kennen. Dies bedeutet für sie nicht nur einen Schwund in Bezug auf existenzielle Hilfestellung, sondern auch eine immer geringer werdende Bindungsmöglichkeit. Kinder sind auf Vater und Mutter als ihre Hauptbezugsperson besonders angewiesen. Wenn diese durch Trennung, Scheidung oder Tod teilweise oder ganz ausfallen, droht dem Kind eine katastrophale Isolierung, die früher in großen Familien durch vielfältige stabile und kontinuierliche Bindungen und Beziehungen verhindert worden ist.

Eine Zunahme der Berufstätigkeit der Mütter in Kleinstfamilien bedeutet, dass immer mehr Kinder und Jugendliche nach der Schule sich selbst überlassen sind. In den Rumpf-Familien (84 Prozent sind allein erziehende Mütter) müssen die Mütter neben ihrer Mutterrolle oft auch die Vaterrolle übernehmen. Dies führt dann in der Entwicklungsphase der Loslösung, in der Pubertät und Adoleszenz, zu besonderen Problemen: Allein erziehende Mütter haben mit pubertierenden Söhnen oft die größten Schwierigkeiten, da sie sich auch körperlich in keiner Weise gegen sie wehren können. Häufig kommt es in solchen Familien zu Weglauftendenzen der Jugendlichen oder zu frühen, vorschnellen Bindungen an Gleichaltrige. Auch das Gegenteil kann entstehen: Wir sehen dann schulphobische Kinder, die das Elternhaus nicht mehr verlassen, die zu Hause Mutter oder Vater kontrollieren müssen, weil ein Elternteil depressiv oder gar suizidal ist.

Loslösung in Familien mit nur einem Elternteil: eine besondere Herausforderung für die Jugendlichen.

Neben diesem Schwund an primären Bezugspersonen ist es vor allem die Zunahme der Ehescheidungen, die Auswirkungen auf die Kinder und Jugendlichen hat und zu Ängsten und Aggressionen führt: Ein Drittel aller Ehen scheitern innerhalb von 15 Jahren und hinterlassen, wenn sie Kinder haben, Trennungs- und Scheidungswaisen. Dies bedeutet, dass etwa jedes drittes Kind im Laufe seiner Entwicklung bis zur Pubertät eine Ehekrise seiner Eltern durchleben wird. Das Auseinanderbrechen der Familie bedeutet aber, dass meist Kinder und Eltern gleichermaßen in eine Phase der Ohnmacht, Verzweiflung und Wut hineingeraten. Ein reaktiver kindlicher Trauerprozess, der notwendig wäre und von den Eltern zugelassen werden müsste, hängt davon ab, inwieweit die Eltern selbst fähig sind, Trauerreaktionen zuzulassen, und die Kinder nicht für ihre eigenen Zwecke missbrauchen. Gerade in Trennungs- und Scheidungsfamilien besteht bei den verbliebenen Mitgliedern jedoch ein übergroßes Bedürfnis nach Harmonie, sodass Ablösungsprobleme, die sich nicht unterdrücken lassen, unterschwellig bleiben müssen, keiner offenen Bearbeitung zugänglich sind und auf anderen »Kriegsschauplätzen«, d.h. extrafamilial, ausagiert werden, z.B. in der Schule. Enttäuschte Kinder und Jugendliche aus Kleinstfamilien neigen zu übergroßen Erwartungen hinsichtlich positiver alternativer zwischenmenschlicher Beziehungen außerhalb ihrer Familien. Auch dies bekommt dann die Schule u.a. zu spüren.

So wie Kinder als Vermittler zwischen Eltern und Großeltern fungieren können, aber auch gelegentlich missbraucht werden, können Großeltern als »Neben-Eltern« eine innere Loslösung von den Eltern mitunter unterstützen, indem sie Geschichtlichkeit und Wandlung verkörpern. Weil viele Eltern mit ihren Kindern nicht mehr zusammen mit den Großeltern unter einem Dach wohnen, sind Ferienbeziehungen und Wochenendaufenthalte von Enkeln bei Großeltern, die in aller Regel eher gewährendes und verwöhnendes Erziehungsverhalten an den Tag legen, etwas Besonderes. In der Rückschau auf das vergangene Leben sehen Großeltern häufig ihre Beziehung zu ihren Enkeln in einem Kontrastbild zu ihrer Beziehung zu den eigenen Kindern: Häufig ist es ihnen erst jetzt möglich, ohne Druck und Verantwortung ein freundliches, gewährendes und verwöhnendes Verhalten zu entwickeln, das sie früher in der Rolle als Eltern ihren eigenen Kindern gegenüber oft bemängelt haben. Auch werden die Großeltern ihren Enkeln bewusst oder unbewusst bestimmte Aufträge mit auf den Lebensweg geben und die Entwicklung ihrer Enkel in bestimmte Bahnen zu lenken versuchen, die möglicherweise mehr den emotionalen Bedürfnissen der Großeltern dienen als denen der Kinder. Andererseits ermöglichen Großeltern als Neben-Eltern leichter eine Loslösung der Adoleszenten von ihren Eltern. Interessant ist auch, dass das bewusste Wählen von Neben-Eltern in manchen traditionellen Gesellschaften fest institutionalisiert ist. So berichtet Stern (1973) von mehreren mittelamerikanischen Gesellschaften, in denen es üblich ist, im Falle eines Konfliktes zwischen Personen, die zusammenwohnen, für kürzere oder längere Zeit zu anderen Familienmitgliedern zu ziehen. Es besteht in diesen Gesellschaften die Sitte, dass Jugendliche im Falle eines Streites mit den Eltern Zuflucht bei den Großeltern oder anderen, meist älteren Verwandten suchen und finden.

Es ist die Erfahrung der Relativierung, die einen der wichtigsten Gesichtspunkte in der Beziehung zwischen Kindern und Großeltern darstellt. Aus der Sicht der Kinder stehen die Großeltern in ihrer Macht noch über den Eltern und können diese in Schranken weisen. Sie können auch unter Umständen dazu beitragen, dem Kind ein realistischeres Bild der Eltern und seiner selbst entstehen zu lassen. Reife Großeltern halten Reales aus der Vergangenheit präsent und führen dem Kind die Begrenztheit der Eltern vor Augen, ohne sie deswegen zu verurteilen. Damit geht es aber in der Großeltern-Enkel-Beziehung nicht um das Ersetzen, sondern um das Modifizieren der Eltern-Kind-Beziehung.

Der Aspekt der Wandlung als Gegenpol zur Kontinuität ist in der Beziehung der Enkel zu den Großeltern ein wichtiger Aspekt: Über die Großeltern kann ein Heranwachsender sein eigenes Leben als Folge von allmählichen Veränderungen und schwierigen Umbrüchen verstehen lernen, ohne dass dadurch sein Bedürfnis nach Kontinuität bedroht wird. Die Einbindung in einen Familienmythos und in die Lebenskette wird in der Auseinandersetzung mit den Großeltern lebendig erfahren.

Wie die Großeltern mit Krankheit, Leiden, Sterben und Verlust umgehen, ist eine ihrer wesentlichen Botschaften an ihre Enkel, im Positiven wie im Negativen. So fand man heraus (Hartshorne, 1979), dass Kinder umso weniger Angst vor dem Sterben haben, je intensiver und enger ihr Kontakt mit den Großeltern war.

Von besonderer Bedeutung sind Großeltern immer dann, wenn die Eltern sich scheiden lassen. In einen akuten Trennungs- und Scheidungsprozess der Eltern werden in aller Regel die Großeltern mit hineingezogen und es erfolgt ein familiärer Umordnungsprozess: Einerseits kann dies dazu führen, dass sich die Großeltern mit ihren leiblichen Kindern identifizieren und den Schwiegersohn oder die Schwiegertochter bekämpfen, verteufeln etc., wodurch die intrafamiliäre Spaltung vertieft wird. Andererseits kann aber auch eine Relativierung der elterlichen Trennung in Gang kommen, indem die Großeltern den Kontakt zu ihren Enkelkindern auch weiterhin pflegen und somit eine wichtige Betreuungsfunktion übernehmen und ausbauen. In vielen Fällen von Scheidung oder Trennung müssen auch beide Elternteile wieder vermehrt arbeiten und übertragen die Betreuung der Kinder mehr einem Großelternteil. Damit sind nicht nur die Eltern das Schicksal ihrer Kinder, Großeltern können in Trennungs- und Scheidungsfamilien mit zum Schicksal ihrer Enkel werden. Eine intergenerationale

Die Bedeutung der Großeltern bei Trennung und Scheidung der Eltern.

Weitergabe von spezifischen konflikthaften Beziehungsmustern ist häufig eine der Ursachen von Eheproblemen und Scheidungsprozessen. Eine solche Weitergabe über die Generationen kann dann verhindert werden, wenn die Beziehungsmuster durchschaut und durchgearbeitet werden. Hierzu können neue Erfahrungen in der Adoleszenz, die Unterstützung in einer neuen sozialen Umgebung, aber auch die Großelternfamilie verhelfen. Gelingt es, die Entwicklung der eigenen Eltern zu verstehen und sich gleichzeitig von ihnen abzugrenzen, kann es zu einer Aussöhnung des Jugendlichen mit der eigenen Herkunftsfamilie kommen.

Intrafamiliale Gewalt in der Adoleszenz

Während das Kind im ödipalen Konflikt im Alter von vier, fünf oder sechs Jahren den Tod des Vaters oder der Mutter träumen kann, hat das gleiche Kind als Jugendlicher mit 14 Jahren die Möglichkeit, Vater oder Mutter zu töten oder Selbstmord zu begehen. In der Adoleszenz bekommen Aggression und Omnipotenz eine ganz neue Bedeutung: Möglichkeit und Wirklichkeit, Wunsch und Realität müssen schärfer auseinander gehalten werden. Für das Kind sind die Wunschvorstellungen nicht so gefährlich, weil der Schritt zu ihrer Realisierung relativ unerreichbar ist. Je mehr das Kind jedoch zum Erwachsenen wird, desto realisierbarer werden aber Wünsche und umso gefährlicher wird die Realität. Diese Tendenz kann die Einbindung in die Erwachsenenwelt erschweren, da in der Gesellschaft ein chaotischer Ort voller

Gefahren assoziiert wird, vor denen dann nur die Familie schützen kann, d.h. der Jugendliche kann angesichts seiner nicht umgesetzten Allmachtsfantasien in seiner Entwicklung zurückfallen (regredieren) und sich ganz eng (symbiotisch) an die Familie binden. Dabei erscheint wichtig, dass nicht realisierbare, archaisch verbliebene Omnipotenzfantasien im Individuum ein beträchtliches Aggressionspotenzial aufbauen. Solche archaischen Allmachtsfantasien bei Jugendlichen sind politisch gut verwertbar, wie uns der Rechts- und Linksradikalismus mit einem Zulauf von gerade solchen Jugendlichen deutlich vor Augen führt.

Aggression und Allmachtsfantasien werden auch beim so genannten Prometheus-Komplex sichtbar: Hierunter versteht man ein neurotisches Brandstifterverhalten bei Jugendlichen, die einem übermächtigen Vater oder Stiefvater ausgeliefert sind. Im Akt der Brandlegung verkehrt sich eine von ihnen empfundene Ohnmachtssituation in eine Allmachtssituation. Innerhalb der eigenen Familie erlebte Gewalt durch den Vater wird in Form von extrafamilialer Gewalt ausgelebt, sei es, dass das Wohnhaus oder der Schuppen der Eltern angezündet wird, sei es, dass es zu einer Verschiebung nach außen kommt, d.h. dass der Konflikt mit dem Vater oder Stiefvater als genereller Autoritätskonflikt nach außen verlagert wird und sich in Brandstiftungen gegen die Obrigkeit wendet. Nicht selten bestehen ähnliche Prozesse bei jugendlichen Vergewaltigern: Bei ihnen besteht meist eine sehr ambivalente und noch sehr enge, abhängige Beziehung zur Mutter bei abwesendem Vater. Im Akt der Vergewaltigung wird das Opfer stellvertretend für die Mutter gedemütigt bzw. ein ödipales inzestuöses Verhältnis nach außen verlagert und ausgelebt.

Erlebte Konflikte und Gewalt innerhalb der Familie werden nach außen verlagert.

Im Prozess der psychischen Entwicklung kommt einer so genannten »Selbst-Polarisierung und Selbst-Abgrenzung« (Stierlin 1969) eine entscheidende Bedeutung zu: Selbst-Polarisierung bewirkt eine Scheidung der Psyche in Bewusstes und Unbewusstes (Ich und Es) und damit die Etablierung der Verdrängung als wirksamen Abwehrmechanismus. Selbst-Abgrenzung in Form des Aufbaues eines verlässlichen Körperschemas und einer inneren Welt, die von der äußeren Realität als unterschieden erlebt wird, dient wie die Selbst-Polarisierung zur Aggressionsbewältigung, da sie die Grundlage einer starken Ambivalenztoleranz bildet, ohne die es für die Psyche nicht möglich ist, die starken Spannungen und widersprüchlichen Gefühle aufzufangen.

Die Familie und insbesondere die Eltern als fördernde und fordernde Umwelt müssen das Zusammenspiel von Beziehungsgleichgewichten herstellen, als da sind: Gleichheit – Verschiedenheit; Befriedigung – Versagung; Stimulierung – Stabilität; Nähe – Distanz. Laut Stierlin (1969) wird in dieser Dialektik der Beziehungsgleichgewichte das Instrument Aggressionsbewältigung geschmiedet: Verschiebt sich z.B. dieses Gleichgewicht hin zu großer Gleichheit, Nähe und Stimulierung, wird das Kind in dem entscheidenden Anfangsstadium seiner psychischen Strukturierung zugleich überfordert und verwöhnt, es fehlt ein ausgleichendes Maß an Verschiedenheit (von der Mutter), Versagung, Stabilität und Distanz. In einem solchen Ungleichgewicht der Beziehung wird sich das Ich zu früh und zu stark polarisieren und abgrenzen. Jugendliche in ihrer Ablösungsproblematik werden mit ihrem sexuellen, triebhaften, aggressiven Potenzial Schwierigkeiten bekommen, wenn dieses Verhältnis in der Entwicklung der Beziehungspolaritäten zu ungleichgewichtig war. Identitätsstörungen des Jugendlichen mit kriminellen Verwahrlosungstendenzen, die entweder aggressive, sexuelle oder süchtige Verwahrlosung bedeuten können, sind dann die Gefahr. Ein außergewöhnlich gewährendes (permissives) Verhalten der Eltern aus feindseliger oder hilfloser »Gleichgültigkeit« gegenüber den kindlichen Bedürfnissen nach wirklicher Anteilnahme und Anerkennung führt häufig dann in der Pubertät zu einem Oszillieren (Hin- und Herschwanken) von überstrengem, rigidem Erziehungsverhalten, das wieder in ein verwöhnendes, erlaubendes kippt.

»Revierkämpfe« unter den Geschwistern, insbesondere unter gleichgeschlechtlichen, gehören mit zur Normalität eines Evolutionsprozesses jeder Kern- und Großfamilie. Geschwisterposition und Geschlecht spielen mit eine Rolle, wie uns der Alltag lehrt: Insbesondere sind es die Erstgeborenen, die mit Macht sich den Weg gleichsam freikämpfen müssen, weil die Eltern noch ängstlich sind in Bezug auf Zugeständnisse von mehr und mehr Freiheitsgraden. Eltern-Kind-Koalitionen innerhalb der Familie wechseln und spielen eine wichtige Rolle, bilden die Begleitmusik der immer wieder auftretenden intrafamilialen aggressiven Tendenzen und Auseinandersetzungen. Stellvertreterkriege und Rivalitätskämpfe sind zu bestehen. Wichtig ist, dass die Eltern in der Ablösungsphase der Jugendlichen zueinander stehen, die Generationsgrenzen einhalten und über ihre Loyalität zueinander es den Jugendlichen erst möglich machen, sich der Peer-Gruppe und der Außenwelt definitiv zuzuwenden. Bindende und ausstoßende Tendenzen der Eltern im Ablösungsprozess ihrer Kinder sind häufig in leichter Form anzutreffen. Extremformen führen dann aber zu dem, was Stierlin (1980) die »zentripetale« und die »zentrifugale« Ablösungsform der betreffenden Familien beschrieben hat, wobei eine zentrenpedale Ablösungsform in den Familien zur Ausbildung von Nesthockersyndromen führt (der Adoleszente verspürt eine sehr starke Bindung vonseiten seiner Familie oder eines seiner Elternteile), die zentrenfugalen Tendenzen (Ausstoßungstendenzen) hingegen Frühentwicklungen mit allen ihren Risiken begünstigen.

Intrafamiliale Gewaltausbrüche gegenüber einem Elternteil stellen dann ein besonders hohes Risiko dar, wenn zunächst allein erziehende Väter oder Mütter wieder einen Partner finden und der Jugendliche oder die Jugendliche einen Stiefvater oder eine Stiefmutter akzeptieren soll. Wegen neuerlich aufbrechenden Identitätsgefühlen mit dem gleichgeschlechtlichen, nicht vorhandenen Elternteil kommt es zu Loyalitätskonflikten und heftigen, oft aggressiven Ablehnungstendenzen gegenüber dem »Eindringling und Rivalen«.

Ein so genanntes »Battered-Parent-Syndrom« entwickelt sich insbesondere in jenen Familien, in denen eine noch deutlicher vorhandene Abhängigkeit vom Jugendlichen einerseits gespürt wird, andererseits aber ein heftiges Aufbegehren gegen die starke Bindung vorherrscht. Dies bezieht sich hauptsächlich auf männliche Jugendliche, die ihre Mutter gewalttätig attackieren. Nicht selten ist es einerseits ein Schutz vor inzestuös bedrängender Nähe, andererseits aber auch ein Kompromiss, weil in der Handgreiflichkeit eine Nähe hergestellt wird, deren eigentlicher sexueller Charakter durch die Gewalt verdeckt ist. Häufig werden Jugendliche verbal gewalttätig gegenüber ihren Eltern, wenn andere Jugendliche aus der Peer-Gruppe dabei sind: Der Pubertierende oder Adoleszente möchte gegenüber seinen Gleichaltrigen deutlich machen, dass er nicht mehr abhängig ist, dass er sich nichts mehr sagen lässt, dass er »schon erwachsen ist«.

Gewalt den Eltern gegenüber: das Battered-Parent-Syndrom.

Hingewiesen werden muss auch auf den Zusammenhang zwischen Gewaltdarstellung in den Medien und Imitationsgewalt, d.h. durch entsprechende Fernsehfilme kann Gewaltbereitschaft gefördert werden. Eine lineare Beziehung ist nicht herzustellen. Vielmehr sind es zahlreiche Kofaktoren, die mitbestimmen, ob der Konsum eines entsprechenden Filmes zur Stimulation und zu erhöhter Gewaltbereitschaft oder aber zum Gegenteil, z.B. zu einer Katharsis, während des Anschauens oder nach dem Film führt. Gewalt erzeugt mitunter auch Angstlust, was auf sadomasochistische Tendenzen und dynamische Verstrickungen hinweist.

Die Bewusstwerdung der eigenen Aggression und Gewaltanteile sowie die Integration derselben in die Person des Betreffenden bieten letztlich die beste Gewähr dafür, dass der Teufelskreis von Projektion und reaktiver Gewalt vermindert wird. Hierzu bedarf es einer größeren Solidarität der Generationen, auch die Eltern müssen also ihre eigenen aggressiven Anteile erkennen und bearbeiten. Intrafamiliale Gewalt kann aber auch mit hervorgerufen sein durch außerfamiliäre ungünstige Gegebenheiten: Es kommt dann unter Umständen zu einer Verlagerung und zu einer Verschiebung vom extrafamilialen in den intrafamilialen Raum, am häufigsten von der Schule in die Familie: Beziehungskonflikte mit Lehrern oder Konflikte mit Mitschülern führen gelegentlich eine angespannte Situation in den Familien zur Explosion. Es bewahrheitet sich dann der Satz von Norbert Elias (1989): »Wenn die Gesellschaft den Menschen der heranwachsenden Generationen eine kreative Sinnerfüllung versagt, dann finden sie schließlich ihre Erfüllung in der Zerstörung.«

Medieneinflüsse auf Gewalttaten Jugendlicher

Im Frühjahr 1999 verübten die Teenager Eric Harris und Dylan Klebold einen Terroranschlag auf die Columbus-Schule in Littleton, Colorado. Sie erschossen 13 Mitschüler, verletzten 23 weitere Schüler und begingen anschließend Selbstmord. Beide, so stellte sich heraus, spielten gerne das blutige »Leg-sie-um«-Videospiel Doom, ein Spiel, das vom US-Militär zur Ausbildung von Soldaten im tatsächlichen Töten des Gegners lizenziert und eingesetzt wird (Spitzer 2001). Man hat im Internet eine Kopie der Webseite von Harris gefunden, die eine von ihm umgestaltete Version des Spiels Doom enthielt. In dieser Version gab es zwei Soldaten, ausgestattet mit besonderen Waffen und unbegrenzter Munition. Die Gegner im Spiel waren wehrlos. Als Projektarbeit im Rahmen des Unterrichtes hatten Harris und Klebold ein Video produziert, das der von ihnen personalisierten Version des Spiels Doom entsprach. In diesem Video trugen Harris und Klebold Trenchcoats, waren bewaffnet und ermordeten sportliche Klassenkameraden. Weniger als ein Jahr später agierten sie ihre Videoperformance in der Realität aus (Anderson und Dill 2000).

Die öffentliche und die wissenschaftliche Debatte über die Frage, ob Gewaltdarstellung im Fernsehen, in Kinofilmen, Computerspielen oder im Internet Gewaltreaktionen hervorbringt oder nicht, ist bis heute nicht verstummt und hat durch die Amokläufer von Brannenburg, Meißen, Freising und Erfurt neue Aktualität erhalten: In Brannenburg erschoss ein 16-Jähriger seinen Schulleiter; ein ebenfalls 16-Jähriger aus Meißen erstach vor der Klasse seine Lehrerin. In Freising stürmte ein 22-Jähriger im Februar 2002 mit der

Waffe im Anschlag ins Schulgebäude seiner ehemaligen Schule und tötete den Schulleiter, vorher hatte er zwei Mitarbeiter einer Dekorationsfirma, bei der er einmal beschäftigt gewesen war, ermordet. Robert Steinhäuser, der Amokläufer von Erfurt, hatte seinen Eltern verschwiegen, dass er von der Schule verwiesen worden war, gab vor, jeden Tag zur Schule zu gehen und am Tag der Tat das Abitur zu schreiben. Wohl mit animiert durch das Vorbild seiner Videos tötete er 16 Menschen und anschließend sich selbst.

Zwei extreme Lager lassen sich ausmachen: Die eine Gruppe postuliert, dass alle bisherigen wissenschaftlichen Untersuchungen einen eindeutigen Zusammenhang zwischen Gewaltvideos und reaktiver erhöhter Aggressivität bei Menschen feststellen konnten. Die andere Gruppe ist zurückhaltender und der Auffassung, die wissenschaftliche Evidenz für diese Interpretation sei viel weniger überzeugend. (Manche gehen so weit, dass sie feststellen: »Das Spielen von Videospielen kann eine nützliche Sache sein, um mit aufgestauten aggressiven Energien fertig zu werden«, Emes 1997.)

Lange Zeit wurden drei unterschiedliche Theorien diskutiert: die so genannte Stimulations-, die Habitualisierungs- und die Reduktionshypothese. Vertreter der Stimulationshypothese erklärten Aggressionssteigerungen nach dem Anschauen von entsprechenden Videofilmen mit aggressivem Inhalt lerntheoretisch, indem sie davon ausgingen, dass entweder ein Beobachtungs-, Imitations-, Bekräftigungs- oder Modell-Lernen vorliegt. Anhänger der Habitualisierungshypothese waren hingegen der Auffassung, dass wiederholtes Beobachten gewalttätiger Szeneninhalte eine zunehmende Desensitivierung der Filmkonsumenten gegenüber beobachteten Gewaltakten zur Folge hat, d.h. es wurde angenommen, dass es nicht zu einer aktiven aggressiven

Verhaltensänderung kommt. Verfechter der Reduktionshypothese machten geltend, die Beobachtung von Gewalt führe durch »Zuschauerkatharsis« schließlich zu einer Abfuhr von aggressivem Potenzial oder aber es werde beim Rezipienten Angst hervorgerufen, die ihn zu einer Vermeidung eigener aggressiver Handlungen veranlasse. Schon lange war bekannt, dass es nur dann zu einer Aggressionssteigerung nach entsprechenden Filmen im Sinne der Stimulationshypothese kommt, wenn Zusatzfaktoren mitspielen, wie z.B. die besonderen Eigenschaften des Beobachters: hohes präkommunikatives Aggressionspotenzial, gute Empathie- und damit Identifikationsfähigkeit, Alter, Intelligenz und Beeinflussbarkeit. Des weiteren ist es der unmittelbare Kontext des Filmkonsumenten, der mit eine Rolle spielen kann (z.B. entsprechende Äußerungen und Einstellungen der Eltern zu beobachteten Gewaltdarstellungen). Schließlich ist es die Art der Darstellung brutaler Inhalte, die offenbar mit ausschlaggebend ist: z.B. begünstigt realistische Darstellung eher aggressives Imitationsverhalten. In der Mitte der 90er-Jahre erfolgte in Kalifornien eine »National Television Violence Study«, derzufolge die Inhalte und Umstände der Gewaltdarstellung als Kontextvariablen zu einer Erhöhung der Aggressionsbereitschaft oder zu einer Verminderung führen: Sie können Angst erhöhen oder aber auch reduzieren. Diese Studie legt nahe, dass es eine 1:1-Korrelation zwischen Gewaltdarstellung und sich hieraus ergebenden Konsequenzen nicht gibt, wie es die Stimulations- oder die Katharsishypothese glauben machen möchte.

Erklärungsansätze zum Medieneinfluss auf Jugendaggression: Stimulation, Habitualisierung, Reduktion.

Hingewiesen werden muss auf die Problematik des Interneteinflusses auf Gewaltfantasien von Jugendlichen: Seit mehreren Jahren gibt es vermehrt so genannte »Suizid-

Foren«, die einen günstigen und ungünstigen Effekt in Bezug auf suizidales Verhalten haben können. Auf diese Problematik wird im Kapitel über die »Suizidalen Krisen« noch eingegangen.

Aus der Tätigkeit des Autors als forensischer Sachverständiger soll ein Beispiel angeführt werden, wie Gewaltfilme im Einzelfall eine Straftat induzieren können:

Ein Heranwachsender, der als Einzelkind mit seinen Eltern eine Wohnung in einem Mehrfamilienhaus bewohnte, das sowohl dem Vater als auch dessen Geschwistern gehörte, beging eines Tages einen Mord an seiner Tante, der aus der Sicht der ermittelnden Polizeibehörde schwer zu erklären war. Zwar gab es zwischen dem Vater und der Tante Meinungsverschiedenheiten und immer wieder auch Reibereien, die sich u.a. im Kehrwochenplan und in der Absprache bezüglich der gemeinsamen Waschküche festmachten. Die Meinungsverschiedenheiten und Auseinandersetzungen waren aber immer wieder überbrückbar. Unmittelbar vor der Tat hatte der Heranwachsende im Fernsehen einen Film gesehen, bei dem Rechtsradikale einen Türken mit einem Baseballschläger zusammengeschlagen hatten. Nach Ende dieses Filmes begab sich der Jugendliche, dessen Eltern nicht zu Hause waren, einen Stock höher und besuchte die Tante. Diese bat ihn in ihre Wohnung und forderte ihn auf, mit ihr Kaffee zu trinken. Bei dieser Gelegenheit ergriff der junge Mann eine Weinflasche, die er mitgenommen hatte, und schlug sie der sitzenden Tante mit voller Wucht auf den Kopf, sodass diese zusammenbrach. Anschließend erstach er sie mit dem Küchenmesser.

Der junge Mann hatte dem Sachverständigen in der Befragung auf eine entsprechende Frage angegeben, dass er vor der Tat eben einen Film gesehen hatte. Dies war bis dato nicht bekannt. Es ließ sich dann auch verifizieren, dass es sich um einen Gewaltfilm gehandelt hatte, der tatsächlich unmittelbar vor der Tat ausgestrahlt worden war. Der Betreffende konnte weder bei der Polizei noch zunächst auch gegenüber dem Sachverständigen angeben, warum er diese Tat ausführte und gerade auf diese Weise. Er konnte nur sagen, dass er sich Sorgen um seinen Vater machte, der sich immer wieder wegen der Auseinandersetzungen im Haus aufgeregt hatte. Der Täter hatte aber eigentlich zur Tante ein recht gutes Verhältnis, konnte selbst mit ihr im Gegensatz zum Vater durchaus normal sprechen. Auch wenn kein ganz sicherer »Beweis« erbracht werden konnte, dass das Ansehen dieses Filmes zur Tat geführt hatte, so sprach doch der unmittelbare zeitliche Zusammenhang dafür, dass die Baseballschlägerszene eine Art Triggerfunktion für den Täter war, wobei er die Filmszene gleichsam imitierte.

Aus jugendpsychiatrischer Sicht scheint bewiesen, dass bei psychisch-psychiatrisch auffälligen und kranken Straftätern im Einzelfall immer wieder Gewaltfilme bzw. -videos als »Vorlage« oder »Vorbild« für die Taten dienen, wobei ein jeweils individuelles Problem der Betroffenen in den Videofilmszenen aktualisiert und inhaltlich »neurotisch gelöst« wird, sodass die Übernahme oder leichte Abwandlung der »Vorgabe« den eigenen Konflikt momentan im Sinne einer neurotischen Konflikt- oder Kompromissbildung entschärft. Festgehalten werden kann, dass zahlreiche große repräsentative Studien in den vergangenen Jahren nachgewiesen haben, dass Gewaltdarstellungen in den Medien zu einer Gewaltinduktion beim Konsumenten führen können, nicht aber unbedingt müssen. Es gibt eine Risikogruppe von Kindern und Jugendlichen, die insbesondere auf dem Wege des Imitationslernens gefährdet ist, besonders immer dann, wenn sie gedanklich Gewalt als probates Mittel ansieht, das zum Erfolg führt,

Bestimmte Risikogruppen sind stärker gefährdet, Mediengewalt als Mittel der Problemlösung zu imitieren.

über andere Menschen Macht zu erwerben. Neben Antigewaltprogrammen in den Schulen sollten Risikojugendliche vermehrt erfasst und psychologischen Beratungsstellen und Jugendpsychiatern oder -psychotherapeuten zugeführt werden. Bereits bestehende Kooperationen zwischen Pädiatrie, Jugendhilfe und Kinder- und Jugendpsychiatrie sollten genutzt und ausgebaut werden (Klosinski 2002).

Allgemeine Brennpunkte und Problemfelder

»Warum bekommt der Mensch
die Jugend in einem Alter,
in dem er nichts davon hat?«
George Bernard Shaw

Bindungsängste und -wünsche: die häufigsten Konfliktfelder

Die vom Jugendlichen geforderten Entwicklungsaufgaben, wie sie ab Seite 26 beschrieben wurden, führen häufig in der Reifungsphase zu Bindungsängsten und Bindungswünschen. Es lassen sich in diesem Zusammenhang vier Grundformen menschlicher Bindung unterscheiden (Cseff und Wyss 1985), die in der Jugendzeit eine wichtige Rolle spielen:

- Die personale Bindung in Form der zwischenmenschlichen Beziehung,
- die Bindung an den eigenen Körper als leibhafte Verankerung im sich neu formenden Körper-Ich, und damit verbunden
- die Bindung an die persönliche Zeit, die individuelle Le-

bensgeschichte und den Lebensraum (Herkunft – Zukunft) sowie
- die Bindung durch verinnerlichte und soziale Ordnungsbezüge, Prinzipien, Verbote und Gebote.

In der nachfolgenden Abbildung wird diese Bindungsproblematik in bildlicher Form aufgezeigt, dargestellt an den vier Hühnern der Witwe Bolte von Wilhelm Busch.

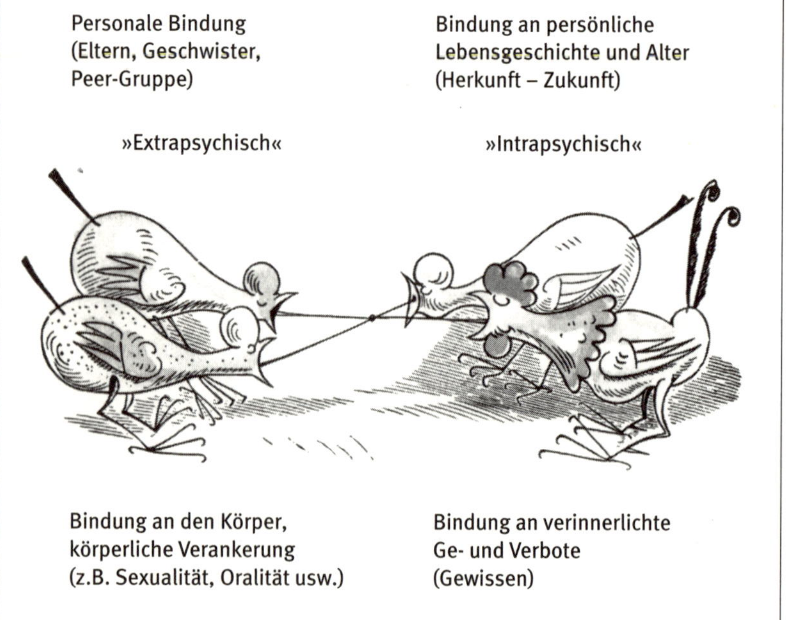

Intra- und extrapsychisches »Doppeltes Double-bind« der Pubertät (in Anlehnung an Wilhelm Busch)

Die tragische Geschichte der vier Hühner der Witwe Bolte ist bekannt. (In ihrer Gier verschluckten die vier die Brotstückchen samt den aneinander gebundenen Schnüren, waren so aneinander gefesselt, flatterten in ihrer Panik auf einen Baum und strangulierten sich dort selbst.) Doch ist der Ausgang der meisten Pubertätskrisen (siehe auch das folgende Kapitel ab Seite 129) weniger tragisch, wenngleich Turbulenzen häufig einen ähnlichen Schwierigkeitsgrad der »Verstrickung« erreichen wie im Bild von Wilhelm Busch. Die Darstellung soll die »Doppelgesichtigkeit« der Bindung, jeder Bindung, in Erinnerung rufen, die dadurch gegeben ist, dass sowohl durch den Verlust von Bindung, also durch Trennung, als auch durch die Bindung selbst Probleme entstehen. Bindungsangst und Bindungslosigkeit, misslungene Bindungsversuche und unerfülltes Bindungsverlangen sind Erfahrungen, die wir alle mehr oder weniger gut durchleiden müssen bzw. durchlitten haben, die aber eine besondere Akzentuierung in der Pubertät und Adoleszenz erfahren.

Mit dem dargestellten Bild lassen sich weniger gut gelungende Entwicklungsaufgaben von Jugendlichen in ihrer krisenhaften Ausprägungsform anschaulich skizzieren: Wir kennen das Bild einer extremen Pubertätsaskese mit paradoxer Bindung an den Körper, wie es uns bei Magersuchtspatientinnen ins Auge fällt. Mit der Bindung an die persönliche Lebensgeschichte, an das Alter, sind all jene traumatischen Ereignisse in der Kindheit angesprochen, die zu einem Rückfall in frühere Entwicklungszustände oder zu Entwicklungsstillständen führen. Auch die »Null-Bock-Mentalität« und der jugendliche Egozentrismus und Hedonismus können sich in Form einer krankhafter Bindung äußern. Wir kennen ferner die ungemein starre Bindung an ein »übergroßes Über-Ich«, d.h. an ein strafendendes und verfolgendes Gewissen, wie es uns bei Jugendlichen mit

Zwangserkrankungen entgegentritt. Wird eine Bindung übermächtig, oder aber zu schwach, so ziehen die übrigen Bindungen in die andere Richtung, entsprechend einem Vektor-Diagramm (Klosinski 1988).

Die Bindungswünsche von Jugendlichen in der Hochpubertät und beginnenden Adoleszenz beziehen sich zunächst auf die gleichgeschlechtliche Peer-Gruppe (vgl. Seite 32 ff.). Die Gruppe der Gleichaltrigen übt deshalb eine ungemein starke Bindung aus, weil aus dem Eingebundensein in die Gruppe der Adoleszente seinen Status ableitet und zugesprochen bekommt: Indem der Jugendliche sich Aufnahme in der Gruppe verschafft, sich Gruppeninteressen aber auch unterordnet und sich von der Billigung der Gruppe abhängig macht, gewinnt er einen Grad von innen her bestimmter Selbstachtung, der von seinen Leistungen oder seinem relativen Status in der Gruppe unabhängig ist. Dieses »Wir-Gefühl« verschafft ihm das Empfinden der Geborgenheit und der Zugehörigkeit; es ist eine wirksame Ich-Stütze und begründet die Loyalität gegenüber den Gruppennormen. Damit liefert die Gruppe der Altersgenossen ein neues Bezugssystem und beseitigt so die Desorientierung in der Frühpubertät sowie das Gefühl, den Boden unter den Füßen verloren zu haben, zwei Phänomene, die damit einhergehen, dass der Jugendliche zusammen mit dem biosozialen Status der Kindheit auch das kindliche Bezugssystem aufgegeben hat. Indem der Jugendliche seine »primäre Treuepflicht« auf die Gruppe der Altersgenossen überträgt, und dadurch, dass er Wertvorstellungen außerhalb des Elternhauses sucht, nähert er sich mit großen Schritten der Emanzipation. Mit der Einbindung in die Gruppe ist aber der Jugendliche den Gruppenphänomenen ausgeliefert, so z.B. dem Zwang, Probleme in der Gruppe nach außen zu

Wir-Gefühl: Geborgenheit und Zugehörigkeit in der Gleichaltrigen-Gruppe.

verlagern, nach außen zu projizieren und eine gewisse Rangordnung der Gruppenteilnehmer zu akzeptieren. Durch die emotionale Unterstützung, die er in der Gruppe seiner Altersgenossen erfährt, bekommt er Mut, die elterliche Herrschaft abzustreifen. Damit dient aber die Gruppe der Altersgenossen als »Bollwerk gegen die Autorität«. Damit benützen die Jugendlichen die Gruppe der Altersgenossen auch als organisiertes Werkzeug, um die akzeptierten Normen der Erwachsenengesellschaft vollständig abzulehnen.

Beziehungswünsche werden insbesondere bei kontaktgestörten Jugendlichen im Rahmen von gemeinsamen Gruppenaktivitäten besonders geweckt und verführen manchmal dazu, dass sich der oder die Betreffende zu einem Verhalten hinreißen lässt, das er/sie sich vorher nie gewagt, sich in der Fantasie aber vielleicht oft vorgestellt hat. Dies soll an einem Fallbeispiel aufgezeigt werden:

Die 16-jährige Monika war im Rahmen eines Schullandheimaufenthaltes beim Tanzen in einen Erregungszustand hineingekommen und, wie der Lehrer mitteilte, »ausgeflippt«. Bei der Aufnahme in der Jugendpsychiatrie wirkte sie noch immer schwärmerisch, überschwänglich, distanz- und kritiklos. Sie fühlte sich im Glückszustand. Ihren Worten zufolge hatte sie sich beim Tanzen durch die Musik in ein Glücksgefühl hineingesteigert, hatte sich in einen Jungen ihrer Klasse verliebt gefühlt. Monika war Einzelkind, ihre Eltern ließen sich scheiden, als sie neun Jahre alt war. Der Vater lebte seitdem mit einer Freundin zusammen und hatte lockeren Briefkontakt zur Tochter. Monika wurde vornehmlich von der Großmutter mütterlicherseits erzogen, einer »streng neuapostolisch gläubigen Frau«. Vier Monate vor der Schulfreizeit hatte Monika einen Tablettensuizidversuch unternommen, angeblich deshalb, weil die Großmutter, bei der Mutter und Tochter wohnten, Monika nicht erlaubte, fröhlich zu sein.

Interpretationsversuch: Das Tanzen im Schullandheim stellte einen deutlichen Kontrast dar zur strengen, sexualfeindlichen Erziehung der Großmutter. Im Rausch des Tanzes und ihrer »Verrücktheit« fühlte sie sich in einen Klassenkameraden verliebt, ohne dass dieser davon etwas wusste. Ihr psychotisches Glücksgefühl bedeutete einerseits einen Ausstieg aus einer gemeinsamen Realität, andererseits aber auch eine manische »Nebenrealität«, die einen völligen Bruch mit der Realität verhindern sollte: Indem sie sich im manischen Zustand nicht auf eine Prüfung ihrer Beziehung zu dem Jungen einließ, konnte sich Monika ihn in ihrer Fantasie bewahren, konnte nicht enttäuscht werden.

Schüchterne, beziehungsgestörte Jugendliche, die in dem relativ intimen Rahmen eines Schullandheimaufenthaltes ihre Kontaktstörung als außerordentlich belastet empfinden, laufen immer dann Gefahr, psychisch zu entgleisen, wenn sie sich aufgrund eines Gruppendruckes gedrängt fühlen, sich mit einem »Salto mortale« in die üblichen Verhaltensnormen der Gruppe hineinzukatapultieren. Sie überspringen damit ihre eigene Abwehr, die sich dann in Form der psychiatrischen Symptomatik wieder neu manifestiert.

Risikoentwicklungen: »Frühstarter« und »Nesthocker«

Eltern, Erzieher und Lehrer sehen sich besonders dann schwierigen Reifekrisen der Jugendlichen gegenüber, wenn diese zu den so genannten Früh- oder Spätentwicklern gehören. Man spricht auch von »Risikopfaden« und »Sicherheitspfaden« beim Übergang von der Kindheit in die Adoleszenz. Frühentwickler sind diejenigen, die die Risikopfade begehen, Spätentwickler solche, die Sicherheitspfade einschlagen. Die Frühentwickler legen ein besonders schnelles Tempo vor, um erwachsen zu sein: Sie wollen Statussymbole der Erwachsenen (Rauchen, Alkoholkonsum, Unabhängigkeit von Ausgehbeschränkungen, ökonomische Ressourcen, Kontakt mit dem anderen Geschlecht) in einem Eilmarsch erreichen, während die Spätentwickler diesbezüglich eher zurückhaltend sind und sich sehr stark an die Eltern klammern. Besonders die Frühentwickler tendieren zur Cliquenbildung mit einem gemeinsamen Ziel: ihre Eigenständigkeit und Unabhängigkeit von den Autoritäten zu demonstrieren und unter Beweis zu stellen.

Die Spätentwickler kämpfen mit Bindungsängsten in Bezug auf die Peer-Gruppe und mit Trennungsängsten, was die Eltern angeht. Frühentwickler tendieren mit ihrem Verhalten zu Distanzierung von Schule und Elternhaus. Bei ihnen ist die Bildungsorientierung niedriger, kirchliche Aktivitäten sind weniger entfaltet. Es ist bekannt, dass eine Kirchen- und Kulturbindung am ehesten dazu führt, dass die Initiation in das Rauchen, den Alkoholkonsum, in frühzeitige Unabhängigkeit und frühzeitige gegengeschlechtliche Kontakte verzögert wird. Frühentwickler schätzen sich als sozial kompetent ein und empfinden sich als sozial integrierter. Die Spätentwickler hingegen weisen eine größere Ich-Stärke auf. Frühentwickler haben das bessere Selbstkonzept hinsichtlich ihres Aussehens, Spätentwickler das größere politische Interesse. Früh- und Spätentwicklung können als unterschiedliche Persönlichkeitsentwicklungspfade angesehen werden, die nicht unbedingt zum Scheitern verurteilt sind, wenn sie gewisse Extreme nicht überschreiten. In Bezug auf das Suizidrisiko sind die Frühentwickler deswegen gefährdeter, weil sie sich bedingungsloser Cliquen ausliefern, die der Drogenszene nahe stehen oder zu ihr gehören. Wenn eine negative Schulkarriere, gescheiterte Lehre, mangelnde Zukunftsperspektive, Drogenmissbrauch und der Bruch mit den Eltern zusammenkommen, ist eine gefährliche Mischung ungünstiger Faktoren gegeben, die immer dann zur Wendung gegen das eigene Selbst führt, wenn die Aggression nach außen im Augenblick nicht möglich ist.

Risiko oder Sicherheit: die unterschiedlichen Pfade der Persönlichkeitsentwicklung bei Früh- und Spätentwicklern.

Die so genannten Spätentwickler mit übermäßiger Bindung an die Eltern, insbesondere an die Mutter, finden sich vornehmlich unter der Gruppe derjenigen Jugendlichen, die selbstverletzendes Verhalten zeigen (siehe auch Seite 159 ff.). Dies soll in einem weiteren Fallbeispiel deutlich werden:

Franz war 16 ½ Jahre alt, als er wegen Wutanfällen und autoaggressiver Handlungen im Rahmen einer akuten Krisenintervention stationär aufgenommen werden musste. In den letzten Wochen vor der Aufnahme hatte sich der Jugendliche wiederholt seine Haut im Bereich der oberen Extremitäten und vornehmlich im Bereich des Gesichtes zerschnitten. Besonders nachts war es (nach Angaben der Mutter) vorgekommen, dass er »blutüberströmt« die Mutter weckte, um ihr demonstrativ sein Gesicht zu zeigen. Der Vater hatte sich seit ca. einem Jahr in das Kellerge-

schoss zurückgezogen, um wenigstens nachts vor den Wutausbrüchen seines Sohnes Ruhe zu finden.

Franz war das erste von zwei Kindern. Eine gesunde und unproblematische Schwester war fünf Jahre jünger, der Vater Geschäftsführer einer Firma, die Mutter hatte bis zur Heirat gearbeitet, dann nicht mehr. Die Geburt erfolgte drei Wochen vor dem errechneten Termin, ausgelöst durch einen Stromschlag. Zwar sei es bei der Geburt zu einer Nabelschnurumschlingung gekommen, das Neugeborene sei jedoch nicht blau gewesen und habe gleich geschrien. Franz war als Säugling ein »Schreikind«: Durch die nächtliche Unruhe hatte er auch als Kleinkind die ganze Familie belastet. Der Vater hatte sich erst nach der Geburt der Tochter um den Sohn gekümmert. Schon als Kleinkind hatte Franz andere Kinder abgelehnt, hatte mit ihnen »nichts anfangen können«. Zunächst war Franz in den Kindergarten gegangen, bald stellten sich jedoch wegen seiner motorischen Ungeschicklichkeiten Misserfolge im Vergleich zu anderen Kindern ein und zuletzt weigerte er sich, den Kindergarten weiterhin zu besuchen. Die ersten vier Jahre der Grundschule waren hingegen unproblematisch. In der ersten Klasse des Gymnasiums hatten die Leistungen jedoch nachgelassen. Nach der zweiten Klasse musste er wegen massiven Leistungsversagens in die Hauptschule zurückgestuft werden. Daraufhin verweigerte er den Schulbesuch, Franz wurde in die Realschule umgeschult, deren siebte Klasse er wiederholen musste. Auch hier kam es dann erneut zu Schulverweigerung, weshalb er als Lehrling in den vom Vater geleiteten Betrieb eintrat. Nach wenigen Wochen verweigerte Franz auch den Besuch der Berufsschule, worauf auf Drängen der Eltern eine ambulante psychotherapeutische Behandlung eingeleitet wurde. Bereits im Alter von 13 ½ Jahren kam es zu einer schwierigen Situation während eines Erholungsaufenthaltes in einem Kinderheim an der Nordsee: Franz habe Heimweh bekommen, sei nachts in die Dünen gelaufen, wo er sich versteckt habe. Der Junge sei stundenlang gesucht worden und habe dann Suizidgedanken geäußert. Vom Heimleiter war er schließlich per Flugzeug nach Hause gebracht worden.

Seit längerer Zeit leben die Eltern in einer Ehekrise. Franz wusste, dass der Vater sich wegen einer anderen Frau eigentlich von der Mutter trennen wollte. Die Mutter hatte von den Absichten ihres Ehemannes und von der Tatsache, dass der Sohn eingeweiht war, keinerlei Ahnung. In den Ferien vor der stationären Aufnahme, als die Mutter mit der Tochter alleine verreist war, kam Franz mit der Freundin des Vaters zusammen. Im therapeutischen Gespräch gab Franz an, er komme mit dem Vater besser aus. Es rege ihn auf, dass die Mutter »ganz kalt bleibe«. Wenn sie ihn aber ausschimpfe, dann könne er sie richtig hassen. Die Schwester hingegen könne er nicht leiden, da diese von der Mutter sehr umsorgt werde. Er beklagte sich mehrfach, die Mutter verhalte sich so, als ob ihr nichts nahe ginge. Auch gebe es nie Krach zwischen den Eltern, außerdem würden die Eltern kaum miteinander reden, nur über ihn, den Sohn, bzw. durch ihn. Franz erinnerte sich an eine Autofahrt, als die Mutter dem Vater eine Frage gestellt hatte und er, Franz, dann habe antworten müssen, da der Vater nichts habe sagen wollen. Der Junge machte beim ersten Gespräch einen sehr beherrschten, insgesamt unauffälligen Eindruck. Eine Stunde, nachdem seine Eltern nach der Aufnahme zur Krisenintervention die Station verlassen hatten, verließ auch Franz die Station und wanderte zu Fuß in die zwölf Kilometer entfernte Heimatstadt.

Franz war neben seiner eigenen Trennungsproblematik vom Elternhaus zusätzlich mit der drohenden Trennung der Eltern konfrontiert. Er versuchte, Bindeglied zwischen den Eltern zu sein, und bot sich der Mutter als Ersatz-Gesprächspartner an. Andererseits war Franz ein mit dem Vater besonders Verbündeter, da er um dessen Freundin wusste, dies aber nicht der Mutter sagen durfte, weil der Vater und damit auch Franz befürchteten, die Mutter könne dann einen Suizid begehen.

Unter tiefenpsychologischen Gesichtspunkten lag eine inzestuöse bzw. ödipale Konfliktsituation vor, ohne dass damit das Vorzeigen des eigenen blutüberströmten Gesichtes der Mutter gegenüber nachts im elterlichen Schlafzimmer, das der Vater freiwillig »geräumt« hatte, in seiner ganzen Symbolik ausgedeutet wäre. Neben dem Problemkreis »Trennung vom Elternhaus« stellte sich bei Franz auch die sexuelle Problematik in Form des fließenden Blutes symbolisch dar. Er wollte, dass die Mutter angesichts des fließenden Blutes »nicht kalt bleibt«, wollte sich »gleichzeitig« mit seiner Selbstverletzung von der Mutter trennen und ihr zugleich doch nahe sein. Blut, als Symbol des Sexuellen (Menstruation), als Ausdruck eines Geopferten und auch eines Neugeborenen, wird zu einem faszinierenden Stoff und von dem Betroffenen keineswegs als bedrohlich erlebt. Im Gegenteil, erst wenn Blut fließt, scheint sich eine magische Wirkung auf den Betreffenden zu entfalten.

Es ist zu vermuten, dass Franz' Inzestfantasien durch seine Selbstverletzungen unmöglich gemacht werden sollten, dass die Mutter den Sohn nicht lieben, sondern von sich weisen sollte, da beim nicht vorhandenen (sondern im Keller befindlichen) Vater Mutter und Sohn »zu dicht« im Ehekonflikt der Eltern miteinander verbunden waren. Durch die äußere Trennung von der engen Mutterbindung in Form des stationären jugendpsychiatrischen Aufenthaltes und durch eine kombinierte Gesprächs-(Einzel-)Therapie und Familientherapie ließ sich ein innerer Ablösungsprozess in Gang bringen, der dazu führte, dass verinnerlichte, noch kindliche Muttervorstellungen mehr und mehr an Bedeutung verloren. Franz konnte die notwendigen Reifungsschritte in eine mehr altersadäquate Selbstständigkeit nachholen.

Sinnsuche und religiöse Dimension im Jugendalter

Zunächst sei in einem ersten Schritt auf den gesellschaftlichen religiösen Hintergrund verwiesen, in den unsere Jugendlichen eingebettet sind, um dann, in einem zweiten Schritt, religiöse Suchbewegungen von Jugendlichen zu beschreiben. Wie Peter Schellenbaum (1990) bereits in den 90er-Jahren feststellte, besteht eine Kluft zwischen dem institutionalisierten Christentum und einer nur der unmittelbaren Erfahrung verpflichteten Spiritualität. Wir können einerseits eine »Ausblutung« und Verhärtung kirchlicher Institutionen feststellen, andererseits aber eine erfahrungsnahe, freie Religiosität, innerhalb derer es zu spontanen Formen des religiösen Selbstausdrucks kommt, mit tiefer Sehnsucht nach Sinngebung, ganzheitlicher Selbsterfahrung und -verwirklichung. Dabei werden von jungen und heranwachsenden Menschen verschwommene, aber mit intensiven Gefühlstönen wahrgenommene Bilder des Göttlichen auf meist fremde Religionen projiziert. Man spricht von »Patchwork-Religiosität«, vom »multireligiösen Supermarkt«, von der Hinwendung zu einer gefühlsorientierten Religion, von »Wegwerf- und Freizeitreligionen«. Der neue religiöse Weg sei der Traum von einer Theologie, die das Weibliche, die Natur, die Evolution, die anderen Religionen und die mystische Erfahrung einbezieht (Seewald 1992).

Evangelische Jugendliche wenden der Kirche häufig kurz nach der Konfirmation den Rücken zu, obgleich in den letzten Jahren ein großer Zulauf zu den evangelischen Kirchentagen insbesondere von jungen Menschen zu verzeichnen war. Wir können eine etablierte Kirchenreligiosität ausmachen, die immer weniger Menschen erreicht. Neben einer überwältigenden Mehrheit von »kirchlichen Karteileichen« gibt es eine kleine Gruppe von Menschen, die einem radikalen, fundamentalistischen christlichen Buchstabenglauben nachhängt. Daneben aber gibt es viele Menschen, die ihre Religiosität nicht mehr in der Gemeinschaft leben, sondern für die die religiöse Dimension eine sehr private, intime Angelegenheit geworden ist. Mit dem Bedeutungsschwund tradierter religiöser Werte und Überzeugungen ist einerseits ein Gefühl der Leere verbunden, das aufkommt angesichts eines Empfindens der Menschen, machtlos zu sein, nicht in der Lage, irgendetwas Wirksames, Bedeutungsvolles zu tun für ihr Leben und für diese Welt, in der sie leben. Andererseits besteht aber auch eine vermehrte Sinnsuche in einer Zeit der Sinnkrisen, der Überbevölkerung, der Ungerechtigkeit in Bezug auf arme und reiche Menschen, in einer Welt der zunehmenden Zerstörung unserer Umwelt durch den Menschen. Hans Küng (1987) sieht weniger in einer muffigen Sexualmoral und Sexualprüderie das Problem unserer Zeit, sondern eher in einer Verdrängung des Geistigen. Nicht mehr die Verdrängung von Sexualität und Schuld sei die charakteristische Neurose unserer Zeit – so Küng –, sondern Orientierungslosigkeit, Normenlosigkeit, Bedeutungslosigkeit, Sinnlosigkeit, Leere und damit die Verdrängung von Moral und Religiosität.

Es wurde bereits herausgearbeitet, dass die Jugendkrisen in der Vergangenheit und auch heute stets, wenn auch verzerrt, ein Spiegelbild der entsprechenden Gesellschaftskrisen darstellen: Die Jugendlichen setzen sich besonders radikal mit dem auseinander, was sie als nicht stimmig, falsch und erneuernswert in ihrer Elterngeneration ansehen. In einer Zeit, in der Informationen in Sekundenschnelle von einem Kontinent zum ande-

Esoterik: verdeckte religiöse Neugier in einer Zeit der Sinnkrisen und schwindender Kirchenreligiosität.

ren übertragen werden und sich kulturelle Austauschprozesse durch Migration und Fluchtbewegungen ereignen, werden auch religiöse Weltanschauungen und religiöse Systeme dem religiös neugierigen Kunden gleichsam kundengerecht in entsprechender Verpackung angeboten. Der Kult des Esoterischen, Übersinnlichen, des Parapsychologischen und Pseudoreligiösen verweist auf die verschüttete religiöse Neugier in einer Zeit, in der tradiertes religiöses Denken als konservativ und rückschrittlich erlebt wird.

All dies ändert aber nichts daran, dass für unsere Kinder und Jugendlichen – wie Nipkow (1990) überzeugend nachweisen konnte – Folgendes gilt: »Gott ist für Kinder ein zwischenmenschliches Geschehen, ein emotionales Ereignis, eine sprachliche Entdeckung, eine Gewissensangelegenheit und eine intellektuelle Herausforderung. Das hauptsächliche Medium hierbei ist die Fantasie, die Einbildungskraft ... Der im Kindergarten, Kindergottesdienst und Grundschul-Religionsunterricht weitergegebene christliche Gott, der offizielle Gott der kirchlichen Überlieferung, trifft auf einen in der Regel längst in der Fantasie ausgebildeten ›privaten‹ Gott des Kindes.« Im Kindesalter ist die Gotteserfahrung auf höchst komplexe Weise aus realer und imaginierter Erfahrung zusammengesetzt. Im Jugendalter ist die Gottesfrage an die potenziell aufbrechende Sinnfrage gekoppelt, sodass es hier in aller Regel zu einer Erschütterung des Jugendlichen in seinem Gottesbild kommt. Der Jugendliche möchte Gott persönlich spüren und als Handelnden erfahren, Gott soll Macht haben, mehr Macht noch als die Eltern, er soll der Garant für das Gute sein. Nipkow (1987) ist der Auffassung, dass der Verlust des Glaubens an Gott bei den Jugendlichen Enttäuschung über Gott als Helfer ist: Die Theodizee-Problematik (Rechtfertigung Gottes angesichts des Leids in der Welt) ist seiner Auffassung nach die erste und wahrscheinlich größte Schwierigkeit in der Gottesbeziehung überhaupt.

Die Sinnsuche und religiöse Dimension des Jugendlichen kann nur auf dem Hintergrund der jeweils individuellen Entwicklung des Jugendlichen verstanden werden, da religiöse Gottesbilder Teil entsprechender Weltbilder sind, die sich der Jugendliche gemacht hat.

Der Entwicklungspsychologe Flammer (1994) versteht unter Religiosität »das Gesamt der Lebenspraktiken und der entsprechenden Einstellungen, sofern sie explizit auf einer Beziehung zu übernatürlichen Mächten beruhen«. Diese übernatürlichen Mächte sind den Menschen meistens überlegen und können Dinge, die wir nicht oder nicht so gut beherrschen wie sie. Religion diene demzufolge zur Kontrolle des Unkontrollierbaren.

Wie angedeutet, lässt sich die religiöse Sinnsuche Adoleszenter erst auf dem Hintergrund der religiösen Entwicklungsstufen verstehen, die ein Kind bis ins Erwachsenenalter auch auf religiösem Gebiet durchlaufen muss. Es soll deswegen die bekannteste religionspsychologische Theorie religiöser Entwicklung, die von Fowler (1981) stammt, kurz skizziert werden. Fowler unterscheidet aufgrund der von ihm durchgeführten Interviews zur Religion folgende sieben Stufen religiöser Entwicklung:

Stufe 1: Glaube als Urvertrauen
Dieser bestehe und entstehe aus den Grunderfahrungen des Aufgehobenseins und des bedingungslosen Angenommenseins in den ersten Lebensmonaten.

Stufe 2: Intuitiv-projektiver Glaube
Das Kind ab dem zweiten Lebensjahr projiziere seine Gefühle, Ängste und Hoffnungen in (Gottes-)Bilder, Symbole,

Rituale und Geschichten. Das Kind entwerfe spekulative Deutungsversuche in der Phase des magischen Denkens, der Einbildungskraft und der Imagination.

Stufe 3: Buchstaben-Glaube
Auf dieser Glaubensstufe sei Glaube wie Schulwissen eingeordnet in das schulkindliche Zeit-Ort-Mengen-Kausalitäts-Schema. Die Weltsicht muss rational begründet sein: So muss es z.B. jemanden geben, der für die Erschaffung der Dinge verantwortlich ist.

Stufe 4: Synthetisch-konventioneller Glaube
Die Fähigkeit, Standpunkte und Perspektiven anderer zu verstehen, sowie logisch-abstrakt zu denken, führt zu einer Relativierung des bisher Geglaubten. Es wächst das Interesse an anderen, an Begegnung und damit auch der Wunsch, mit Gott eine persönliche Beziehung aufzubauen.

Stufe 5: Persönlich reflektiver Glaube
In dieser Stufe verlieren Symbole und Rituale ihre Bedeutung.

Stufe 6: Persönlicher Glaube
Die Konfrontation mit Widersprüchen führt zu einer Neuintegration. Man akzeptiert, dass man gleichzeitig jung und alt ist, männlich und weiblich, gut und böse. Diese dialektische Versöhnlichkeit findet ihren Ausdruck in wieder entdeckten oder neuen Symbolen, Riten und Traditionen.

Stufe 7: Universalisierender Glaube
Polaritäten, die in der Stufe 6 akzeptiert und aufgenommen wurden, werden in einer Einheit mit Gott aufgehoben.

Dieses Stufenmodell religiöser Entwicklung, dies muss betont werden, ist einerseits schematisierend, ordnend, in gewisser Weise auch ein Konstrukt. Andererseits weist es aber darauf hin, dass religiöser Glaube und religiöse Gottesbilder einem lebenslangen Entwicklungsprozess unterliegen, sich ständig ändern, ja ändern müssen, sollen es lebendige Bilder sein, die nicht erstarrt sind, sondern etwas bewegen und voranbringen sollen.

Bezieht man diese Vorstellungen und Theorien religiöser Entwicklungsstufen auf das Jugendalter, so lässt sich unter entwicklungspsychologischen Aspekten sowie aufgrund der psychotherapeutischen Beratungsgespräche mit Jugendlichen feststellen, dass Jugendliche und Heranwachsende im Sinne der religiösen Entwicklungsstufen-Abfolge von Fowler am Übergang der Stufe 4 zu 5 stehen: Der Wunsch, eine persönliche Beziehung zu Gott zu erfahren, Gott zu erleben, ihn zu spüren, ist bei Jugendlichen häufig vorhanden. Die Hinwendung zur Gleichaltrigengruppe und die Auffassung in der Gruppe über religiöse Fragen bestimmen jetzt sehr stark die Einstellung des Adoleszenten zum Glauben. Diese bezieht sich besonders auf die nach außen hin mitgeteilte, öffentliche Religiosität, die abgestimmt wird auf die Meinung der Peer-Gruppe, während die ganz persönliche Auffassung häufig zurückgehalten wird.

Erst vor dem Hintergrund der Ablösungsphase der Pubertät und Adoleszenz lassen sich sowohl Naivität als auch Radikalität in der Abwendung vom elterlichen Weltbild und die Hinwendung zu marginalen, »alternativen« und extrem »andersartigen« religiösen Gruppierungen bei Jugendlichen verstehen. Jugendliche sind in diesem Sinne besonders verführbar für alternative Sinnangebote. Wenn religiöse Führer und »Gurus« ihre Anhänger dazu ermuntern, mit dem lebenden Meister eine persönliche »Liebesbeziehung«

einzugehen, dann kommt dies dem Wunsch von Jugendlichen dieser Altersstufe nach Erfahrung des Religiösen in einer Beziehung sehr entgegen; zumal Gott nun nicht nur abstrakt und weit entfernt erlebt wird, sondern über den Meister »anschaulich« ist und gleichzeitig doch weit genug entfernt, um nicht in einer Realbeziehung von ihm enttäuscht zu werden. Die Neigung des Jugendlichen zur Idealisierung und das Aufleben narzisstischer Größenfantasien fördern darüber hinaus Verschmelzungsideen, wie sie insbesondere in mythisch-mystischen religiösen Gruppierungen angeboten werden.

Der Wunsch nach einer persönlichen Gottesbeziehung macht verführbar für alternative Sinnangebote.

Empirische Studien zur Einstellung der Jugend zur Religion (eine gute Übersicht gibt Barz, 1992) kommen übereinstimmend zu der Feststellung, dass Jesus als Mittlerinstanz für die Jugendlichen heutzutage keine große Rolle mehr spielt. Auch die Auferstehungshoffnung, wie sie in der christlichen Tradition überliefert ist, hat offenbar kaum noch Bedeutung. Die Frage, ob es einen Gott gibt oder nicht, ist aber nach wie vor ein zentrales Thema. Dabei vertreten Jugendliche die unterschiedlichsten Gottesbilder, z.B. Gott in der Natur (pantheistisch), Gott als personales Gegenüber, als Ansprechpartner, Gott in mir, Gott als das Gute im Menschen, Gott als Retter, Sinnstifter, Gott als der Allmächtige, Strafende oder Angsteinflößende (Big Brother).

Vom Zwang zur Häresie in der Adoleszenz

Eine besonders bei Jugendlichen zu verzeichnende kritisch-emanzipative Distanz zur Kirchlichkeit versperrt offenbar keineswegs den Zugang zu religiösen Deutungssystemen der Gesellschaft und Gegenwartskultur. So, wie rebellierende Pubertierende und Adoleszente den Wertekanon und die Einstellungen ihrer Eltern nicht nur hinterfragen, sondern auch ablehnen, so stellen sie sich häufig auch gegen die religiösen Überzeugungen ihrer Eltern oder wenden sich aus einer Protesthaltung religiösen Extremgruppen zu, um ihre Eltern mitunter zu provozieren und vor den Kopf zu stoßen. Erreichen die Jugendlichen die Stufe 4 bzw. 5 auf der Fowlerschen religiösen Stufenleiter (siehe Seite 108), opponieren sie nicht selten heftigst, stellen alles Bisherige an religiösen Überzeugungen in Frage, äußern sich geradezu ketzerisch. Dieses rebellische Verhalten trifft auf einen gesellschaftlichen Nährboden in einer Gesellschaft, die von religiösem Pluralismus geprägt ist. So sieht Drehsen (1993) den religiösen Pluralismus und den Zwang zur Häresie als unhintergehbare Voraussetzungen moderner Gesellschaften an, wenn er schreibt:

»Unsere kulturelle und damit auch religiöse Situation ist allgemein gekennzeichnet durch eine Universalisierung von Mehrdeutigkeit und ›Häresien‹, durch den ständigen Wandel und ständige Wanderungen im intra- wie interreligiösen Raum. Wir sind dadurch ebenso konfrontiert mit Obsoletheitsempfindungen wie mit vorbehaltsreichen Anerkennungen von differenten religiösen Manifestationsformen als Sinndeutungsofferten. Kirchliche Instanzen haben mit der Durchsetzbarkeit ihres christlichen Absolutheitsanspruches zugleich das Monopol auf kulturelle Geltung verloren. Die Normierungskraft von ererbten Traditionen, zufallendem Schicksal, eingeschliffener Gewohnheit und institutionellem Geltungsanspruch – der teilweise mit Mitteln der Zwangsvollstreckung eingeklagt werden konnte, solange Formen der Kirchenzucht und sozialen Kontrolle noch funktionierten –, ist auch auf religiösem Gebiet durch die Expansion von Wahlmög-

Kirchlicher Autoritätsverlust korreliert mit Wahlfreiheit in Bezug auf Glaubensvorstellungen und Werte.

lichkeiten, Interpretationskonkurrenz und Angebotsvielfalt ersetzt worden. So verwandelt sich Schicksal und Determination zunehmend in Wahl und Entscheidung. Dadurch hat sich die Zahl der allgemein geduldeten Lebensweisen ebenso vervielfältigt wie die Zahl der möglichen Glaubensvorstellungen oder Wert- und Weltanschauungsüberzeugungen.«

Gotteslästerliche (blasphemische) Äußerungen wenden sich, von Jugendlichen vorgebracht, häufig gegen ein nach außen und »droben« projiziertes Vaterbild im Rahmen eines Autoritätskonfliktes. So ist bekannt, dass C. G. Jung in seiner Jugend an gotteslästerlichen Vorstellungen litt, wie Stern (1977) in seiner Biografie über Jung berichtet: »Eine besonders quälende und fast verrückt machende Zwangsidee, die er zuerst nicht zu Ende zu denken wagte, war die Vorstellung, dass Gott hoch oben im Himmel auf seinem Thron sitzt und mit einem riesen Stück Exkrement das neu glasierte Dach des Basler Münsters zerschmettert.« Nicht uninteressant ist dabei der Hinweis, dass C. G. Jungs Vater Landpfarrer war. Wenn das Wesen der Religion bestimmt ist als das Beziehungsverhältnis des Menschen zu einer von ihm geglaubten und im Glauben geahnten Überwelt, von der er sich abhängig, in der er sich geborgen weiß, nach der er Sehnsucht fühlt und gegenüber der er eine Verpflichtung empfindet, dann ist es nicht verwunderlich, wenn es in der Pubertät und ihrer »normativen Krise« zwangsläufig zu einer Krise in der religiösen Vorstellungswelt des Jugendlichen kommt.

Während in der Pubertät das religiöse Problem der Kampf um Glauben und Wissen ist, wird das religiöse Problem in der ausgehenden Adoleszenz in ein Weltanschauungsproblem mit eingewoben. Versündigungsideen finden sich demzufolge, wenn sie auftreten, am Beginn der Pubertät, während die blasphemischen Äußerungen ohne Bestrafungsängste im Sinne von Provokationen eher in der Phase der Hochpubertät oder der Spätphase der Adoleszenz auftreten. Versündigungsideen mit Bestrafungsängsten sehen wir bei Jugendlichen mit Zwangsstörungen, wobei blasphemische Äußerungen in Form von Zwangsgedanken auftreten und nicht selten sexuellen Inhalts sind. So berichtete ein am Beginn der Pubertät stehender Junge, dass er beim Anblick eines Kruzifixes nur noch an »dem Heiland seinen Spitz« denken konnte. Die Mutter, die selbst streng pietistisch erzogen war, konnte diese Begebenheit nur unter größter Überwindung erzählen und äußerte, der Junge habe etwas ganz Furchtbares und Vulgäres gesagt (Klosinski 1980a).

Der Hang zum Magischen, Esoterischen und Okkulten

Entwicklungspsychologisch durchlaufen wir vom Kleinkindesalter bis zum Schulalter die magische Phase, in der die Allmacht der Gedanken vorherrscht und alle Gegenstände und Dinge einen besonderen Bedeutungsgehalt bekommen können. Diese »physiologische« magische Zeit ist auch im Laufe unserer Weiterentwicklung nicht verschwunden, sondern lediglich überlagert. Jeder Mensch, auch wenn er nicht einem magisch-mystischen Zirkel anhängt, kann in Belastungssituationen in diese magische Phase zurückfallen, dies auch punktuell, ohne deshalb psychiatrisch aufzufallen. Die magische Kindheitsphase ist u.a. gekennzeichnet durch Allmachtsfantasien und einen ausgeprägten Narzissmus. In der Pubertät und Adoleszenz wird dieser Narzissmus reaktiviert und damit auch die n.

Ferner ist das Anziehende am Magischen bedingt durch

die von uns verdrängten und unbewussten Anteile unserer Psyche: Sich der Magie zu ergeben, sich mit Magie zu befassen heißt u.a., sich mit den unbewussten Bereichen der Psyche auseinander zu setzen, wenn wir es positiv formulieren wollen. Dies hat der Jugendliche und Adoleszente aber als seelische Entwicklungsaufgabe zu leisten. Insofern ist seine besondere Hinwendung zum Esoterischen, zum Transpersonalen und zum Magischen als eine Suche nach dem Wesentlichen seines Daseins zu verstehen, das die Erwachsenen im faustischen Pakt mit der Wissenschaft, dem Kapitalismus und dem Materialismus »verkauft«, insofern gleichsam verloren haben. C. G. Jung spricht vom Archetyp des Schattens, um die äußerst vitale und lebendige Seite unseres Wesens, die noch nicht integriert ist und die wir abgespalten haben, zu beschreiben. Dabei, so Jung, bestehe die Neigung, sich mit diesem Schatten sogleich zu identifizieren, wenn er zum ersten Mal bewusst oder aktiv werden möchte. In schwarzen Messen, den Hexen- und Teufelskulten nimmt diese Identifizierung mit unserem Schatten in besonders dramatischer Weise Gestalt an. Wir müssen uns fragen, ob die Entmythologisierung und die Abspaltung des Sexuellen in unserer Religion es besonders interessant erscheinen lassen, es geradezu provozieren, dass sich Jugendliche aus einer Oppositionshaltung heraus gerade mit diesem religiös abgespaltenen Negativen, Teuflischen »identifizieren«.

Die Hinwendung zum Okkulten als Auseinandersetzung mit dem inneren »Schatten«.

Das frühe Christentum entgötterte und entwertete die erdhaften, körperlichen Aspekte der Frau, die sexuellen, dunklen Seiten des »Göttlichen«. Besonders im Mittelalter wurde das »Untere« als das Dunkle und Weibliche, als das Grob-Sinnliche, Stofflich-Materielle betrachtet, als der diesseitige böse Körper, der Gefängnis und Gefahr bedeutet und des Teufels ist. Manche erklären den Satanskult als Antwort auf eine kollektive Verdrängung und Abspaltung des Körperlichen und Triebhaften (z.B. Zacharias 1970). Da sich unsere Jugendlichen in ihrer Adoleszenzphase besonders intensiv mit ihrer sexuellen Metamorphose auseinander setzen müssen, werden sie in dieser »inneren Nachtmeerfahrt« und bei ihrem »Kampf mit dem Drachen« mit den Schattenseiten ihres eigenen Wesens konfrontiert. Sie sind in dieser Phase leicht verführbar. Bieten sich dann noch entsprechende Gruppierungen oder Zirkel als Protestlarven gegenüber den Erwachsenen an, so verwundert es eigentlich, dass so wenige Jugendliche in diese Zirkel eintreten (Klosinski 1990b).

Es gibt aber noch weitere Erklärungsmodelle: Helsper (1992) sieht in jugendlichen Okkultpraktiken unterschiedliche Antworten auf die Modernisierungsschübe unserer Gesellschaft. Er stellt die Frage, ob nicht hinter den okkulten Praktiken Jugendlicher die Sehnsucht nach »Beheimatung« oder »Wiederverzauberung der Welt« stehe? Es könnte sich, so Helsper weiter, gelegentlich um eine Sinnverortung, um eine Art »Sinn- und Erfahrungsbastellade«, um eine »Sinn-Bricollage« handeln. Seiner Auffassung nach sind vier Motive für die Hinwendung von Jugendlichen zum Okkulten festzuhalten: die Suche nach Thrill und Angstlust, die Neugier gegenüber dem Unbekannten, Fremden und Unbegreiflichen; die Abgrenzung gegenüber der offiziellen Kirche und die Hilfe bei Entscheidungen und Lebensbewältigung (z.B. durch Pendeln). Zusätzlich nennt er noch als fünftes und sechstes Motiv den Wunsch nach Aufwertung und Prestigesteigerung sowie den Wunsch nach Macht. Der Jugendpsychiater sieht mitunter Jugendliche, die sich brüsten, im Gegensatz zu ihren Kameraden in esoterischen Dingen kundig zu sein. Sie erfahren dann für sich eine Aufwertung. Ganz besonders gilt dies für Jugendliche, die häufig in ihren Cliquen etwas Besonderes darstellen müssen, ohne jedoch aus der Gruppe herausfallen zu dürfen.

Wenn es stimmt, was Müller (1988) als die zwei wesentlichen Ziele der Okkultismus-, Spiritismus-, Satanismus-Neigung bei Jugendlichen ansieht, nämlich erstens »das totale Erlebnis« und zweitens »Power-Macht«, so handelt es sich, psychodynamisch gesehen, häufig um das Stillen eines besonderen Erfahrungshungers und um die Kompensation von Nichtigkeits- und Ohnmachtsgefühlen. Es geht dabei um die Identifikation mit dem Bösen oder dem »Aggressor« sowie um projektive Mechanismen. Hauth (1988) sprach im Zusammenhang seines Beitrages »Der neue Hang zum Okkulten – Spiritismus und Satanismus unter Jugendlichen« von einer »Umwertung von Werten«, die für solche Jugendliche charakteristisch sei. Aus tiefenpsychologischer Sicht kann ergänzt werden, dass all jene, die sich dem Satan verschreiben, sich mit dem Aggressor identifizieren, d.h. es kommt zu einer projektiven Identifikation mit einem Menschen, der »die Macht des Bösen«, die am Ende alles besiegen wird, verkörpert. Dies bedeutet, es wurde schon darauf hingewiesen, eine Art Identifizierung mit dem eigenen Schatten, der in den schwarzen Messen, den Hexen- und Teufelskulten in besonders dramatischer Weise Gestalt annimmt. Eine solche Identifikation mit den eigenen aggressiven Anteilen dient aber primär der Angstabwehr. Man muss deshalb davon ausgehen, dass diesen Weg der Hinwendung zu entsprechenden okkulten Zirkeln solche Jugendliche oder junge Erwachsene einschlagen, die unter besonderen Ängsten der Sinnlosigkeit, Hoffnungslosigkeit und unter Zukunftsängsten leiden.

Satanismus als Identifikation mit den eigenen aggressiven Anteilen: ein Weg der Angstabwehr.

In einer empirischen Studie, bei der knapp 500 Hauptschüler, Realschüler und Gymnasiasten im Alter zwischen 15 und 19 Jahren mittels Fragebogen zu Themen aus dem Okkultismusbereich befragt wurden (Baer 1993), ließ sich nachweisen, dass diejenigen Jugendlichen, die psychisch leicht auffällig waren im Sinne einer schizoiden Veranlagung, häufiger angaben, an magische Kräfte in allen Okkultbereichen zu glauben. Ein Vergleich zwischen den Geschlechtern ergab, dass sich Mädchen häufiger zu den Psi-Phänomenen (Telepathie und Präkognition) hingezogen fühlen als Jungen, während die Jungen häufiger ihr spielerisches Interesse für den Okkultismus bekundeten. Auch was die Bereiche des klassischen Aberglaubens, der natürlichen Magie und der alternativen Religiosität (Sekten und Yoga) betrifft, ließ sich dieser Unterschied zwischen Mädchen und Jungen feststellen, d.h. die Mädchen hatten bei allen Okkultbereichen (außer beim spielerischen Interesse für Okkultismus) und bei den Fragen zur traditionellen Religiosität deutlich mehr Fragen bejaht als die Jungen, und dies unabhängig vom Schultyp und vom Alter. Hieraus lässt sich ableiten, dass Mädchen besonders empfänglich für das Okkulte sind.

Auch Studien von Mischo (1988, 1991) über Schüler, Religionslehrer und psychosoziale Beratungsstellen zeigten, dass die Anziehungskraft von Okkultpraktiken mit bestimmten überdauernden Persönlichkeitszügen zusammenhängt: Diese sind magisch-irrationales Denken, psychische Labilität bzw. »Neurotizismus« und eine »Dominanz der externalen Attribution« (Vorstellungen, von äußeren Umständen und Mächten beeinflusst und bestimmt zu werden). Mehr als 70 Prozent der Schüler in der Studie von Mischo (1991) gaben Neugierde und Langeweile als Hauptmotiv für die Beschäftigung mit okkulten Praktiken an.

Okkulte Zirkel mit einem starken Leader werden solche Jugendliche anziehen, die in den Séancen und Aktivitäten ihr Größenselbst reaktivieren und Verschmelzungs- und Energieerlebnisse haben. Solche Jugendliche dürften eine besondere narzisstische Problematik aufweisen, die über das normale Phasenspezifische ihres Lebensalters hinausgeht. Tiefe Wir-Erfahrungen in geschlossenen Gruppen dürften für familiäre Außenseiter attraktiv sein, weil sie gleichsam eine neue Familie vorfinden. Bislang unterdrückte sexuelle Regungen bei entsprechenden Jugendlichen oder auch Jugendlichen mit hysterisch-sexuellen Problemen führen zu erotischen Übertragungen auf die Hexen oder Meister in den Messen mit entsprechend ungewöhnlichen Tiefenerfahrungen, die für sie Evidenzcharakter haben, also den Realitätsgehalt des Ganzen belegen. Zum Abbau von Ohnmachts- und Angstgefühlen führt bei nicht wenigen solcher Jugendlichen die Identifikation mit dem Aggressor, d.h. all jene Jugendliche, die sich zum Satanismus bekennen, schlüpfen gleichsam in diese Rolle des ersehnten und gefürchteten Übervaters, der über das »schwache Gute« siegt.

Schließlich ist anzumerken, dass eine Doppelmoral vorliegt, wenn der Okkultismus/Spiritismus/Satanismus als Problem der Jugendlichen propagiert wird, seine Vorbildfunktion in der Welt der Erwachsenen aber übersehen wird. Die Jugendlichen leben diesbezüglich etwas in überspitzter Form aus, das eine weite Verbreitung unter den Erwachsenen, wenn auch in verdünnter Form, gefunden hat. Wenn es stimmt, dass der moderne Okkultismus »als eine mit den Mitteln der Moderne arbeitende antimodernistische Protestbewegung« (Hummel 1988) anzusehen ist, dann richtet sich dieser Prozess ganz offensichtlich sowohl gegen die Gesellschaft und ihren Fortschrittsglauben schlechthin als auch gegen die Kirchen.

Gewaltbereitschaft und Delinquenz bei Adoleszenten

Gewaltbereitschaft und Kriminalität als Ausdruck aggressiven Verhaltens können als Endstrecke eines bio-psycho-sozialen Prozesses verstanden werden, es handelt sich also um ein Ursachengeflecht, bei dem viele Vorbedingungen unterschiedlichster Art ursächlich mit hineinspielen und situative, kontextuelle Momente hinzukommen. Dabei besteht ein kompliziertes Wechselspiel zwischen körperbedingter Gewaltbereitschaft und seelischen sowie sozialen Einflussgrößen, die sich gegenseitig bedingen. Aggressivität, die Bereitschaft und Gestimmtheit zu Aggressionen, geht ohne klare Grenze in eine allgemeine Aktivität über, in einen Grundtrieb der Lebensentfaltung, zu dem auch ein energisches Herangehen an Menschen und Dinge, ein Anpacken von Aufgaben gehört, welches man auch als positive oder konstruktive Aggression bezeichnet hat. Elhardt (1974) definierte drei Formen der Aggression, wobei neben der bereits genannten aktiv-spontanen (gutartigen) Aggression ohne subjektive Feindseligkeit eine zweite, reaktiv-defensive Aggression mit Feindseligkeitsanteilen (Angstabwehr) und eine dritte, aktiv-destruktive Aggression mit intendierter Feindseligkeit und Zerstörungstendenz unterschieden wird. Der Begriff Aggression ist unscharf, weil das, was wir als Aggression benennen, von subjektiven Deutungen und sozialen Normen abhängt. Auch der Begriff der Gewalt hat eine Entgrenzung erfahren. Es existieren weder ein einheitlicher Gewaltbegriff des Strafrechts noch Kriterien, die aggressive soziale Handlungen von »Gewalt« unterscheiden würden.

Aggressivität – ein komplexer Bereich zwischen energischer Aktivität und zerstörerischer Gewalt.

Gewalt assoziiert Macht, Übermacht, Vergewaltigung, Missbrauch. Gerade im Bereich intrafamilialer Gewalt wird unter dem Gewaltbegriff längst nicht mehr nur die unmittelbare körperliche Schädigung, sondern praktisch jede Beeinträchtigung des »Kindeswohls« verstanden. Unter den Aspekten der Entstehungsbedingungen und Zielsetzungen, mit denen aggressives Verhalten verbunden sein kann, hat sich die Unterscheidung zwischen impulsiver Aggressivität und instrumenteller Aggressivität bewährt: Während impulsive Aggressivität auf eine subjektiv wahrgenommene Drohung oder Provokation reagiert, wird instrumentelle Aggressivität initiiert, um ein bestimmtes Ziel zu erreichen, letztgenannte wird also zielorientiert, überwiegend verdeckt und kontrolliert ausgeführt. Impulsive Aggressivität ist hingegen unkontrolliert und zielt darauf ab, den Kontrahenten zu verletzen, ohne dass dies zu einem Vorteil im engeren Sinne führt. Sie wird in der Regel von Ärger, aber auch von Furcht begleitet und erfolgt offen, d.h. »ohne Rücksicht auf Verluste«. Bei impulsiver Aggressivität findet sich bei den betroffenen Personen ein hohes Erregungsniveau (erhöhte Pulsfrequenz, erhöhte Hautleitfähigkeit). Die instrumentelle Aggressivität geht hingegen mit niedrigem »Arousal« (Erregbarkeit) und ohne vegetative Begleitreaktion einher. Während die impulsive Aggressivität sich eher psychopharmakologisch beeinflussen lässt, ist dies bei der instrumentellen Aggressivität weniger der Fall: Sie sollte z.B. psychotherapeutisch angegangen werden.

Zum Häufigkeitsvorkommen von körperlicher Gewalt und Dissozialität (mangelnder Eingliederungsfähigkeit in die Gesellschaft) in der Adoleszenz lässt sich Folgendes feststellen: Mit Beginn der Adoleszenz zeigt sich ein deutlicher Anstieg ausgeprägt aggressiven bzw. dissozialen Verhaltens, das gegen Ende der Adoleszenz wieder abnimmt, wobei das männliche Geschlecht überwiegt. Drei in Deutschland durchgeführte Studien ergaben mit Beginn der Pubertät ein Häufigkeitsvorkommen von ca. sieben bis neun Prozent aggressiv-dissozialen Verhaltens (Schmidt 1998).

Entstehungsbedingungen von Aggressivität und deviantem Verhalten

Unabhängig davon, ob man, wie die Psychoanalyse es getan hat, einen Aggressionstrieb, auch Destruktions- oder Todestrieb genannt, postuliert oder ob man im Sinne der Behavioristen die Aggression als Reaktion auf Frustration ansehen möchte oder sie im Sinne der Lerntheoretiker als Resultat sozialen Lernens erklären will, alle Aggressionstheorien müssen heute Brücken schlagen zu den unterschiedlichen Einflussfaktoren von Gewalt, sie müssen also den biologischen Grundlagen, den sozialen Bedingungen, den Normen, den verinnerlichten Wertschätzungen, den kognitiven Deutungssystemen, den gespeicherten Handlungsmustern, den Erwartungen und den Glaubenssystemen im Einzelfall Rechnung tragen. Welche sind nun im Einzelnen die Einflussfaktoren und Bedingungen, die zur aggressiven Gestimmtheit, zur reaktiven aggressiven Haltung oder zu normabweichendem Verhalten führen? Vereinfachend lässt sich feststellen, dass die Reaktion auf störende äußere Reizsituationen oder auf ein körpereigenes unangenehmes Gefühl von drei Bedingungen abhängt:

- von einer individuellen Gewohnheit (sei sie erlernt oder eher vererbt) für aggressive Verhaltensbereitschaft,
- vom Fehlen oder Vorhandensein von Hemmpotentialen für aggressives Verhalten (abhängig vom Reifezustand des Gehirns und von der psychosozialen Reife der Person) sowie

- von der Fähigkeit, mögliche Konsequenzen der beabsichtigten Verhaltensweise richtig abzuschätzen.

Bezüglich der Bedeutung biologischer Einflussfaktoren auf gewalttätiges Verhalten ist die Bedeutung des männlichen Sexualhormons gesichert: Es besteht ein Zusammenhang zwischen der Androgenkonzentration im Blut und der Aggressivität, wie sie sich in zahlreichen systematischen Studien hat nachweisen lassen. Dies würde auch erklären, warum am Beginn der Pubertät und insbesondere bei den Jungen aggressives Verhalten deutlich zunimmt. Neben den Affekten von Androgenen ist eine offenbar aggressionshemmende Funktion der Östrogene ebenfalls zu berücksichtigen. Auf das Absinken von Östrogenen und die damit verbundene relative Androgenzunahme vor der Menstruation wird z.B. die erhöhte ärgerliche Reizbarkeit und Feindseligkeit von menstruierenden Mädchen und Frauen in dieser Zeit zurückgeführt. Es gibt noch eine Reihe anderer biochemischer Substanzen, von denen ein Einfluss auf die Aggression (vermutlich über Sensibilisierung und Aktivierung der relevanten neuronalen Systeme) angenommen wird: Hierzu gehören mehrere Neurotransmitter, das Adrenalin sowie der Blutzucker. Ein relativer Abfall des Blutzuckers (Unterzuckerung) bewirkt eine erhöhte Reizbarkeit und aggressive Bereitschaft.

Die wichtigste psychoreaktive Substanz, die über eine Aktivierung aggressionsenthemmender neuronaler Strukturen im Gehirn zur erhöhten Aggressivität führt, ist der Alkohol. Aber auch von Amphetaminen, Halluzinogenen und Kokain ist bekannt, dass sie Aggressionen auslösen können.

Der Kinder- und Jugendpsychiater sieht bei zahlreichen psychischen Erkrankungen aggressive Verhaltensstörungen, die entweder primär hirnorganisch bedingt sind (z.B. bei den so genannten exogenen hirnorganischen Psychosyndromen, den Hirntumoren, dem Zustand nach Schädel-Hirn-Trauma und dem Zustand nach Hirninfektion) oder heute noch nicht bekannte Ursachen haben, wie z.B. bei der Schizophrenie oder bei endogenen Depressionen. Häufig kommt es dabei zu einem Zusammenwirken der hirnorganischen und der psychosozialen Komponente: Es ist kein Entweder-oder, sondern ein Sowohl-als-auch.

Besonders entscheidend sind psychische Faktoren in Wechselwirkung mit psychosozialen und sozio-kulturellen Einflussfaktoren: Eine Fülle von allgemein menschlichen Emotionen und Empfindungen, die Ausdruck von Hilflosigkeit, Verunsicherung, Ohnmacht bzw. Neid oder Eifersucht sind, können hier als psychische Faktoren genannt werden. Eine erhöhte Kränkbarkeit, z.B. im Sinne einer narzisstischen Verwundbarkeit, eine niedrige Frustrationstoleranz oder eine Abhängigkeit (siehe »Problembereich Familie« ab Seite 76) führen häufig zu Wutreaktionen. Nicht selten ist dabei die aggressive Seite Ausdruck einer Angst, die abgewehrt wird.

Im innerseelischen Haushalt sind Angst und Aggression zwei Seiten einer Medaille: Angst dient oft als Aggressionsabwehr und Aggression als Angstabwehr. Wut über mangelhafte Zuwendung oder Aufmerksamkeit oder ein den unterschiedlichsten Angstformen Ausgesetztsein (Trennungsängste, Überforderungsängste, Versagensängste, Reifungsängste sowie Bindungsängste) können entweder zu Autoaggression oder zur Fremdaggression führen. Autonomiebestrebungen im Individuationsprozess, wie sie für die Trotzphase im zweiten Lebensjahr und für die Pubertät typisch sind, führen mit großer Regelmäßigkeit zu erheblichen aggressi-

Sowohl Wut über mangelnde Zuwendung als auch Angstreaktionen zeigen sich häufig als Aggression.

ven Verhaltensauffälligkeiten, die in unserer Gesellschaft fast zur Normalität gehören. Mit anderen Worten: Häufig basieren aggressive und selbstdestruktive Gedanken und Handlungsweisen unserer Jugendlichen auf einer gestörten Individuations- und Separationsphase mit mangelnder sicherer Bindung zu den primären Bezugspersonen bei hoch ambivalenten Eltern-Kind-Beziehungen.

Ein aggressiver Familienkontext erhöht die Bereitschaft zu aggressiven Verhaltensweisen. Kinder, die übermäßig hart bestraft oder misshandelt werden, zeigen starke Fantasie-Aggressionen. Andererseits erweisen sich so genannte »Non-Frustration-Children«, die antiautoritär erzogen wurden, als stark verängstigt, verunsichert, reizbar und reaktiv aggressiv (Mussen et al. 1976). Wie ausgeführt, ist gesichert, dass die permanente Darstellung von Gewalt und Aggression in den Massenmedien aggressives Verhalten begünstigen kann (siehe Seite 87 ff.). Situative Einflüsse, wie eine starke räumliche Einengung, das Fehlen von adäquaten Spiel- und Beschäftigungsmöglichkeiten, frustrierende Situationen, die eine Kooperation nicht zustande kommen lassen, oder übertriebene Wettbewerbsbedingungen bei fehlender positiver Rückkoppelung führen häufig zu Wut und Aggression.

Typische sozio-kulturelle Einflussfaktoren sind ferner: familiäre Gewalt, Kindesmissbrauch und -vernachlässigung, Alkoholismus der Eltern und gewalttätiges Verhalten der Erwachsenen. Sie prägen die Kinder und führen häufig dazu, dass die Opfer im Kindesalter Täter in der Adoleszenz werden. In manchen Großstadtsiedlungen spielen die Anonymisierung und die Desindividuation (Verschwinden der Einzelpersönlichkeit) eine Rolle. Armut, Arbeitslosigkeit und Perspektivelosigkeit in Familien mit mangelnder sozialer Integration bieten einen Nährboden für Unzufriedenheit.

Das Nebeneinander und das Gefälle von relativem Wohlstand und neuer Armut führen zu einer Spannung, in der sich Enttäuschung, Wut und Neid nur eine Zeit lang unterdrücken lassen.

Letztendlich bestimmen Aggressionskontrolle, Aggressionserlaubnis und Aggressionsrechtfertigung, wie der einzelne Jugendliche mit aggressiven Regungen umgeht. Aus diesem Grunde kann die Bedeutung der Gleichaltrigengruppe für delinquentes und aggressives Verhalten nicht überschätzt werden: Körperlich akzelerierte (früh entwickelte) Kinder und Jugendliche, die den Risikopfad der Frühentwicklung beschreiten, sich stark im Ablösungs- und Autoritätskonflikt mit den Eltern befinden und sich einer Clique anschließen, unterliegen desto mehr der Gruppendynamik, je weniger Einfluss die Eltern noch auf sie ausüben. Die aggressionserlaubende oder -rechtfertigende Einstellung der Gesamtgruppe ist es, die über das Gewaltpotenzial des Einzelnen entscheidet:

Aggressionserlaubnis und -rechtfertigung sind in der Peer-Gruppe eine wichtige Direktive.

Eine spanische Studie hat z.B. gezeigt, dass Jugendliche, die in höherem oder geringerem Maße Gewalt akzeptieren bzw. rechtfertigen, als grundsätzliches Argument anführen, dass sie auch Gewalt empfangen haben bzw. Opfer von Gewalt waren. Dabei ist es nicht nur die direkt und persönlich erfahrene Gewalt, sondern auch die strukturelle Gewalt, d.h. Gewalt, die sich auf gesellschaftliche Verhältnisse bezieht. 46 Prozent der befragten Jugendlichen hatten ihre Neigung zu Gewalt bzw. Gewalttoleranz mit dem Argument gerechtfertigt, dass es in der Gesellschaft und ihrer Struktur eine systematische und generalisierte Gewalt gebe, die sich auch gegen Jugendliche wendet. Wie sehr die Faktoren Aggressionserlaubnis und Aggressionsrechtfertigung bei

Gleichaltrigengruppen von Bedeutung sein können, zeigen die Mutproben in Cliquen: Man muss zuerst etwas Bedeutsames gestohlen oder entsprechende Schmerzen (z.B. das Ausdrücken von Zigaretten auf der Haut) erduldet haben, um in die betreffende Gruppe aufgenommen zu werden.

**Um jugendliche Gewalt zu minimieren,
sind präventiv folgende erzieherische Bemühungen wichtig:**

- Erziehungsbemühungen, die hin zu Selbstvertrauen führen und ein positives Selbstwertgefühl aufbauen,
- die Ermöglichung von und die Befähigung zu Problemlösungsstrategien,
- das Fördern des Gefühls, gebraucht zu werden und nützlich zu sein,
- der Aufbau von Empathiefähigkeit und der Fähigkeit, verschiedene Rollen in verschiedenen Kontexten zu übernehmen,
- Vereinsaktivitäten mit prosozialem Verhalten und mit Einübung von Fairplay müssen unterstützt werden,
- Risikogruppen müssen erkannt und entsprechend begleitet werden (insbesondere hyperkinetische Kinder, Kinder mit Impulskontrollstörungen, mit hohem Erregungsniveau und geringer Frustrationstoleranz und erheblichen familiären Belastungen) und
- schließlich ist eine realistische Beschulung notwendig, die eine Unter- oder Überforderung vermeidet.
- In Bezug auf unsere Jugendlichen müssen sozial räumliche Integrationshilfen zur Lebensbewältigung entwickelt werden. Eine gute »sozial räumliche Integration« gelingt dann, wenn Jugendliche die Gemeinde als attraktiven

Lebensraum wahrnehmen. Es entsteht dann ein Stück Heimat, wenn Räume angeeignet, Beziehungen aufgebaut werden und wenn Jugendliche erleben, dass sie wahrgenommen, ernst genommen werden und sich mitgestaltend einbringen können (Keppeler 1998).

Spezielle Problemfelder der Adoleszenz

»Greise glauben alles,
Männer bezweifeln alles,
Jünglinge wissen alles.«
Oscar Wilde

Adoleszenten- und Reifungskrisen als Normvarianten des Erlebens und Verhaltens

Die Pubertät ist typischerweise eine problematische Phase. Es gilt das Zitat von Ernst Kretschmer (1949): »Die Passage durch die Pubertät ist die Schicksalsfrage für den später neurotischen Menschen. Wer die Pubertät glatt passiert, für den versinken die infantilen Probleme in Bedeutungslosigkeit, wie hinter einem tiefen Graben.« Vom gleichen Autor stammt eine der ersten Definitionen von Pubertätskrisen: »Pubertätskrisen sind keine Krankheiten, auch keine Neurosen, ebenso wenig sind sie stabile Konstitutionsfaktoren, vielmehr sind sie umschriebene Phasenabläufe, die an die Pubertät gebunden sind und die die ganzen normalbiologischen Schwierigkeiten dieser psychophysischen Umschlagstelle in vergrößertem Ausmaß beleuchten.« Nissen (1971) definierte: »Als Pubertätskrisen lassen sich karrikaturhaft übersteigerte, nach Symptomintensität und Symptomdauer abnorme Pubertätsentwicklungen mit dissozialer Desintegration bezeichnen, die Aspekte des Scheiterns in sich tragen und deren Symptomatik eine besondere Behandlung erfordert.« Abgeleitet von den Entwicklungsaufgaben der Adoleszenz (siehe Seite 26 ff.) lassen sich drei Formen von Pubertätskrisen beschreiben: erstens die Autoritätskrisen, zweitens die Identitätskrisen sowie drittens die Sexualkrisen bzw. Sexualneurosen. Zu den Autoritätskrisen zählen Jugendliche mit aktivem oder passivem Autoritätsprotest, wie z.B. die typischen »Wegläufer«. Unter die Identitätskrisen werden reaktive Verstimmungszustände, Suizidversuche, psychogene Anfälle und Entfremdungserlebnisse (Derealisations- und Depersonalisationsphänomene) gezählt. Als Formen der Sexualkrisen und beginnenden Sexualneurosen sind zu nennen: die Pubertätsaskese (in ihrer gesteigerten Form zählt hierzu auch die Pubertätsmagersucht, die man als eine Kombination aus Identitätskrise, psychosexueller Krise und Autoritätskrise auffassen kann), die exzessive Onanie, die Homosexualität bei Jungen und lesbische Entwicklung bei Mädchen, sofern sie mit einem Leidensdruck verbunden ist, sowie die sexuelle Verwahrlosung, der Exhibitionismus, der Fetischismus sowie der Transvestitismus. Andere Autoren (z.B. Remschmidt 1992) zählen noch körperliche Selbstwertkonflikte (Dysmorphophobien) sowie die narzisstischen Krisen hinzu.

Die drei Formen der Pubertätskrisen hinsichtlich Autorität, Identität und Sexualität.

In den letzten 30 Jahren gab es in der Literatur eine Diskussion um die Frage, ob in der Pubertät und Adoleszenz zwischen echten Reifungskrisen, die ohne Fehlentwicklung während der Kindheit, also gewissermaßen aus heiterem

Himmel, auftreten könnten, zu unterscheiden sei, und jenen sehr viel häufigeren neurotischen Syndromen, die nur die Fortsetzung oder Neuauflage einer kinderneurotischen Symptomatik darstellen. Dazu zählten manche Autoren (z.B. Meyer 1973) die Anorexia nervosa (Magersucht) und das Depersonalisationssyndrom in der Pubertät zu diesen ohne Vorboten auftretenden (autochthonen) Reifungskrisen. Dabei wurde argumentiert, für eine autochthone Entstehung von Reifungskrisen des Jugendalters spreche die hohe Spontanremissionsrate (also das unerwartete Nachlassen der Symptome) solcher Reifungskrisen.

Generell lassen sich alle Verdünnungsstufen von den mildesten Formen der Pubertätshypochondrie, Pubertätsaskese und des Protestes gegen Autoritäten feststellen über traumatische Krisen, denen aber immer noch kein Krankheitswert zukommen muss, bis hin zu eindeutig psychiatrischen Krankheitsbildern. Solche Entwicklungskrisen in der Adoleszenz, mögen sie auch noch so trubulent und traumatisch verlaufen und mit starken Rückzugstendenzen und vorübergehenden Entwicklungshemmungen verbunden sein, sie bergen in sich die Möglichkeit zu einer Entwicklung zu größerer Autonomie und Entfaltung der Individualität. Die Symptomatik der Adoleszentenkrise, die mit einem »Acting-out-Verhalten«, mit schnellen Idealisierungen und Zurücknahme derselben einhergehen kann, mit Bindungsängsten und Bindungswünschen, mit impulsiven und affektiven Störungen aller Art, erinnert klinisch häufig an das Bild einer so genannten Borderline-Persönlichkeitsstörung (Klosinski 1980b).

Jugendliche mit einer Pubertätshypochondrie machen sich erhebliche Sorgen über ihren Körper, insbesondere über ihre Verdauung, und andere autonome Funktionen des vegetativen Nervensystems. Typisch ist z.B. die Sorge der

Betreffenden, ihr Körper könne »vergessen«, den Stuhl abzusetzen. Ein 16-jähriger Junge entwickelte z.B. die Vorstellung, sein Stuhlgang käme nur dann in Gang, wenn er nicht eindickt. Er trank aus diesem Grunde täglich zehn Liter Flüssigkeit! Manche Pubertierende machen sich Sorgen, ihr Herz könne womöglich vergessen, nachts weiterzuschlagen, oder die Atmung könne aussetzen, wenn sie schlafen, sodass sie Angst vor dem Einschlafen entwickeln und stundenlang wach liegen.

Pubertätshypochondrie

Wenig bekannt sind Dysmorphophobien, d.h. Ängste von Adoleszenten, ihr Körper sei missgestaltet (Morphe = Gestalt, Phobie = Furcht, Dysmorphophobie = Angst vor missgestaltetem Körper). Man nennt dieses Bild auch einen so genannten »Thersites-Komplex« (Stutte 1974). (Thersites war der hässlichste Mann im griechischen Heer vor Troja. Homer stattete ihn mit Buckel, schmaler Brust, Schielstellung der Augen, Keilkopf, aufgedunsenem Gesicht und struppigem Kopfhaar aus und charakterisierte ihn als einen boshaft-intriganten Schwätzer und Lästerer.) Bei dieser Adoleszentenkrise werden kleinen körperlichen Auffälligkeiten von den Betroffenen eine ungeheure Bedeutung beigemessen mit maßloser Übersteigerung und Überbewertung. Entsprechende körperliche Selbstwertkonflikte bei Jugendlichen konzentrieren sich häufig auf wirkliche oder vermeintliche »Entstellungen« im Gesichtsbereich (z.B. Nase, Schmelzdefekt im Zahn, Gesichtsasymmetrie, zu kleiner Mund, Narbenbildungen etc.). Es können aber auch das äußere Genitale, bei den Mädchen die Brüste etc. im Sinne einer überwertigen Idee eine »Besetzung« erfahren, die für Außenstehende nicht mehr nachvollziehbar erscheint. Die Jugendlichen entwickeln häufig Ängste in Reaktion auf ihre Vorstellungen

Pubertäre Dysmorphophobie

und wagen sich im Sinne einer sozialen Phobie nicht mehr unter die Leute.

So hatte eine unter dem Einweisungssymptom »Schulangst« leidende 16-jährige Patientin u.a. deshalb nicht die Schule besucht, weil sie der Auffassung war, ihre Nase sei ein »hässlicher Zinken«. Als nach mehrmonatigem Schulverweigern die Amtsärztin in die Wohnung kam, hatte sich die Patientin einen »Nasenschutz« um Mund und Nase gelegt, damit das »Übel« verdeckt werde. Bei dieser Patientin lenkte aber auch ihre »Dysmorphophobie« stellvertretend von einem anderen Problem ab: Die Patientin konnte alle sonstigen Schwierigkeiten im Umgang mit ihren Eltern und ihren Klassenkameradinnen ausblenden. Für sie war offensichtlich, dass alles nur mit der Nase zusammenhing. Auffällig war bei dieser Patientin auch, dass die Dysmorphophobie nach wenigen Wochen genauso überraschend verschwand, wie sie gekommen war.

Bei Depersonalisationsphänomenen zweifeln die Betreffenden, ob sie noch »sie selbst« sind, wenn sie z.B. in den Spiegel schauen, oder sie haben das Gefühl, außerhalb ihres eigenen Körpers zu stehen und sich gleichsam von außen zu betrachten. Bei den Derealisationsphänomenen sind sich die Betroffenen nicht sicher, ob das, was sie gerade erleben, Wirklichkeit oder Traum ist. Solche Phänomene werden heute von Jugendlichen, die Grenzerfahrungen suchen und erste Drogenkontakte haben, gar nicht so selten erlebt. Jugendliche scheuen sich aber häufig, hierüber zu berichten, da sie annehmen, man halte sie für verrückt. Sie werden in Ausnahmesituationen, seien sie mit Angst oder mit ekstatischen Momenten besetzt, erlebt. Man kann solche Depersonalisations- und Derealisationszustände bei Pubertierenden und Adoleszenten auch als »Steigerungen oder krisenhafte Höhepunkte der Selbstreflexion« auffassen. Nicht selten sind sie aber verknüpft mit Identitätsproblemen. Déja-vu-Erlebnisse (Wahrnehmung, man habe eine fremde Umgebung schon einmal gesehen, sie erlebt) und Jamais-vu-Erlebnisse (Gefühl, man hat eine Umgebung, die man eigentlich kennen sollte, noch nie gesehen) können Jugendliche, wenn sie zum ersten Mal auftreten, ebenfalls erheblich ängstigen. Immer wieder wird diskutiert, inwieweit nicht solche oben geschilderten Phänomene auf neurologischer Grundlage basieren. Es empfiehlt sich auch, eine entsprechende neurologische Abklärung vornehmen zu lassen, um hirnorganische Erkrankungen auszuschließen (z.B. so genannte Auren im Rahmen von Epilepsien). Unbestritten ist, dass es auch nichtorganisch begründete Depersonalisationsphänomene gibt, wobei ein sich schnell verändernder Körper sowie stets neue Erfahrungsdimensionen in Bezug auf die Selbstwahrnehmung solche Phänomene fördern. Depersonalisations- und Derealisationsphänomene können fließend übergehen in so genannte Dissoziationszustände (Zustände, bei denen das Erleben wie abgespalten von der eigenen Person erscheint), die unter schweren traumatischen Erlebnissen vorkommen, wie z.B. bei sexuellem Missbrauch, bei Folter und posttraumatischen Belastungsstörungen.

Derealisation und Depersonalisation

Puberale und adoleszente psychosexuelle Krisen finden sich in allen Abstufungen. Hier spielen elterliches Erziehungsverhalten, religiöse Überzeugungen und strenge Gewissensausbildung eine ursächliche Rolle, wenn es zu Unsicherheiten, Skrupel in Bezug auf das eigene sexuelle Verhalten in der Pubertät und Adoleszenz kommt. Gelegentlich haben die Jugendlichen unklare Vorstellungen über Sexualität und Sexualverhalten, oder sie empfinden sich unter einem sexuellen »Leistungsdruck«. Eine noch nicht gefestigte, labilisierte

Sexualitätskrisen

psychosexuelle Identität in der Pubertät ist häufig. Sie kann dazu führen, dass Jugendliche Ängste entwickeln, sie seien homosexuell veranlagt oder könnten es werden. Dass das Durchlaufen der frühen Pubertät und Hochpubertät gelegentlich mit homosexuellen Tendenzen einhergeht, ohne dass dies zu einer späteren definitiven homosexuellen Neigung führen muss, ist offenbar noch nicht genügend bekannt.

Bei jugendlichen Fetischisten und Exhibitionisten handelt es sich in aller Regel um kontaktgestörte Jugendliche, wobei noch nicht ausgemacht ist, ob die Störung sich zu einer sexuellen Perversion hin verfestigen wird oder lediglich eine vorübergehende Übergangsform darstellt hin zu einer reifen, erwachsenen Sexualität.

Pubertäre Identitätskrisen

Identitätskrisen können auch unter dem Bild von Insuffizienzgefühlen, depressiver Verstimmung oder Suizidtendenzen auftreten. Das zusammengebrochene Weltbild der Kindheit sowie die erheblichen Diskrepanzen zwischen biologischen und gesellschaftlichen Möglichkeiten in unserem westlichen psychosozialen Wartezustand sind mit Ursachen dieser Krise. Die Jugendlichen sind auf der Suche nach sich selbst, stellen sich zentrale Fragen: »Wer bin ich? Was ist meine Aufgabe? Wie möchte ich sein? Wie sehen mich die anderen?« Sie möchten nicht auffallen in der Gleichaltrigengruppe, möchten sich aber gleichzeitig abgrenzen gegenüber den Erwachsenen. Die Fähigkeit zur Idealisierung führt bei vielen Jugendlichen zu einem Wechselbad von Schwärmerei, Verliebtheit und größter Enttäuschung und Resignation.

Viele Ausformungen von Adolezentenkrisen stellen ein Mixtum compositum dar: Die drei Bereiche Autoritäts-, Identitäts- und psychosexuelle Krise überlappen sich. Besonders deutlich wird dies, es wurde schon angedeutet, bei

Pubertätsmagersuchts-Patientinnen: Sie sind psychosexuell verunsichert, oft werden sie depressiv, empfinden sich als sozial ohnmächtig und münden, ob sie wollen oder nicht, in eine erhebliche Autoritätskrise mit den Eltern ein, da es um einen Kampf um das Essen geht, sei er nun primär oder sekundär bedingt.

Die Prognose der Adoleszentenkrise im Akutstadium ist schwer abschätzbar. Sie hängt letztlich davon ab, welche Grundstörung sich hinter der vielfach sehr traumatischen Symptomatik verbirgt. Im günstigsten Falle erfolgt eine völlige Normalisierung des Erlebens und Verhaltens und somit Heilung. Dies trifft etwa für 30 bis 40 Prozent der Adoleszentenkrisen zu. Bei den übrigen muss man mit einem Übergang in eine schizophrene Psychose, eine Persönlichkeitsstörung oder eine längerfristige neurotische Entwicklung rechnen.

Sexualität als Entwicklungsaufgabe und Entwicklungsdruck

»What can I do to make you love me«, der Titel der irischen Gruppe »Corrs«, der lange auf der Hitliste in den obersten Rängen stand, bringt auf den Punkt, was viele Adoleszente bewegt: Es wird hier ihr Beziehungswunsch unterstrichen, die Sehnsucht nach Liebe, der Wunsch, geliebt zu werden, und die Frage: »Was muss ich tun, dass der andere mich liebt? Bin ich attraktiv genug? Liegt es an mir?« Die Aussage der Sängerin in diesem Lied ist nicht: »Ich liebe dich, ich erwarte und hoffe, dass du mich ebenfalls liebst«, sondern:

»Ich möchte, dass du dich in mich verliebst (natürlich liebe ich dich, sonst hätte ich nicht diese Sehnsucht).«

Im Gegensatz zu früheren Generationen ist unsere heutige Jugend im Allgemeinen sexuell »gut aufgeklärt« und theoretisch über Sexualität bestens informiert: Hierzu hat der Sexualkundeunterricht an den Schulen ebenso beigetragen wie die Verfügbarkeit von Informationen über die Medien (die Zeitschrift *Bravo*, Internetannoncen etc.). Im »Aids-Zeitalter« geht gleichzeitig aber auch eine andere Botschaft an die Jugend: Gelebte Sexualität kann tödlich sein. Es ist dies eine Doppelbotschaft unserer heutigen Gesellschaft an die Jugend, die da lautet: Sexualität ist etwas, das zum Menschen gehört, das enttabuisiert wurde bzw. werden muss, Sexualität ist »fun«, »sei nicht prüde«. Parallel ergeht dabei der massive Hinweis auf die Gefahr gelebter Sexualität in der Jugendzeit, die sich in Ängsten nicht weniger Eltern widerspiegelt, die insbesondere die Töchter warnen und mit folgenden Botschaften drohen: »Alles darf passieren, aber schwanger darfst du nicht werden, dann ist es aus!« »Lass dich nur nicht mit dem oder diesem ein, der nützt dich aus!« »In den Kreisen, in denen du verkehrst, bist du gefährdet, in die Szene zu geraten, am Ende steht die Jugendprostitution.«

Es gibt für die Jugendlichen keine verbindlichen, von der Gesellschaft allgemein akzeptierten und sanktionierten Schritte in die gelebte Sexualität hinein: Jeder Jugendliche muss hier seinen eigenen Weg finden, ist auf sich alleine angewiesen, nimmt aber sehr wohl wahr, dass manche seiner Freunde bereits mit 13, andere erst volljährig feste Beziehungen eingehen und den Versuch einer Integration von Eros und Sexus wagen.

Sexuelles Empfinden und Erleben, sexuelle Neugier, Lust und sexuelle Handlungen, seien sie autoerotisch oder mutuell (gegenseitig), gehören zum Menschsein, zeichnen eine gesunde normale Entwicklung aus. Störungen der Sexualfunktion und des Sexualerlebens können isoliert auftreten oder im Zusammenhang mit verschiedenen körperlichen oder seelischen Krankheiten. Dabei ist für die psychosexuelle Entwicklung des Kindes und Jugendlichen das sexualerzieherische Verhalten von Bezugsgruppen und -personen sowie von Vorbildern und Idolen ausschlaggebend, vermittelt über Wort und Bild. Schwule und lesbische Empfindung und Ausrichtung kann sowohl Durchgangsstadium in der Pubertätsphase sein hin zu einer heterosexuellen Identität, ist aber – nach heutiger wissenschaftlicher Erkenntnis – bei manchen Jugendlichen bereits Ausdruck einer sehr früh verankerten und festgelegten sexuellen Identitätsentwicklung und kann nicht mehr, wie früher geschehen, nur als fehlgeleitete krankhafte Abweichung von der normalen Sexualentwicklung angesehen werden. Die Herausbildung einer sexuellen Identität geschieht nicht durch ein ein- oder mehrmaliges Aufklärungsgespräch, sondern stellt einen fortwährenden Prozess dar, der auch die »geheimen Erzieher« (Altersgruppe, Medien, Jugendkultur) zu berücksichtigen hat. Bevor eingehender auf die sexuellen Bindungswünsche und Beziehungsängste unserer Jugendlichen eingegangen wird, soll ein kurzer Abriss über die Sexualentwicklung von Kindern und Jugendlichen in unserer Vergangenheit gegeben werden.

Ein Streifzug durch die Geschichte macht deutlich, dass bis zum 16. Jahrhundert in Westeuropa eine Intimität und Privatheit in den Familien nicht gegeben war: Alle Familienmitglieder, Erwachsene und Kinder, der Bauer, die Mägde und Knechte, lebten unter einem Dach, häufig in einem Raum, und die Kinder wurden als kleine Erwachsene angesehen. Sie konnten den Geschlechtsverkehr der Erwachsenen miterleben. Masturbation und Sexspiele mit anderen

Kindern und Jugendlichen waren normal. Sexueller Missbrauch kam vor, die sexuelle Entwicklung wurde aber nicht als Problem gesehen (Jackson 1993). Zwischen dem 16. und 19. Jahrhundert begannen die Familien, getrennt von ihrem Arbeitsplatz zu leben. Der bisherige einzige, große Raum wurde aufgeteilt, sodass neben dem Essraum und den Arbeitsräumen Schlafräume entstanden. Sexuelle Beziehungen fanden nunmehr hinter verschlossenen Türen statt. Das Gesinde hatte eigene Unterkünfte. Als der Puritanismus aufkam, wurde Sexualität als Sünde und schmutzig empfunden, es sei denn, sie erfolgte zum Zwecke der Fortpflanzung. Sexuelle Beziehungen wurden mehr und mehr geheim. Man sprach über Sexualität überwiegend in der Privatsphäre und die Eltern versuchten, angepasste, asexuelle Kinder aufzuziehen. Den Kindern wurde auferlegt, die Geschlechtsteile zu bedecken, nicht hinzuschauen und andere nicht sexuell zu berühren. Im 19. Jahrhundert, speziell im viktorianischen Zeitalter, entstand die Vorstellung, Masturbation bedeute einen Selbstmissbrauch, der Lethargie, Tuberkulose, Impotenz oder gar Epilepsie auslösen könne. Manche Eltern gingen so weit, dass sie alle vier Extremitäten der Kinder nachts anbanden, damit sie nicht masturbieren konnten. Die Klitorisbeschneidung war ein bewährtes Verfahren, um bei jungen Mädchen, die masturbatorisch »rückfällig« wurden, Abhilfe zu schaffen (Schwartz 1973). Auch war im 18. und 19. Jahrhundert die Kontrazeption verpönt. Zwischen 1930 und 1950 kam es dann zu einem beachtlichen Rückgang von Sanktionen gegen kindliche Sexspiele und Masturbation (Wolfenstein 1953). Etwa ab 1950 setzte sich die Vorstellung durch, dass das kindliche Interesse für die Sexualität nicht unnormal ist. Seit 1970 rückte der sexuelle Missbrauch in das öffentliche Interesse; die Ansicht, dass die kindliche Ent-

Veränderung sexueller Tabus über die Jahrhunderte.

wicklung durch missbrauchende Eltern und Verwandte, insbesondere durch die Väter gefährdet würde.

Wie stellt sich jugendliche Sexualität aus heutiger Sicht dar? Welche gesicherten Erhebungs- und Forschungsdaten sollten wir zur Kenntnis nehmen? Die »sexuelle Revolution« in den 60er-Jahren hatte zur Folge, dass auch unter Adoleszenten von damals Promiskuität als weniger unmoralisch empfunden wurde. Diese Einstellung änderte sich wieder ab den 80er-Jahren, wohl mitbedingt durch den Beginn der Aids-Gefahr (Robinson et al. 1991). In den USA wurden bezüglich dieses Themas die meisten Untersuchungen durchgeführt. 1990 konnte festgestellt werden (Wyatt 1990), dass im Durchschnitt Jungen mit 15,7 Jahren, die Mädchen mit 16,2 ihren ersten Geschlechtsverkehr erlebten.

Sowohl in den amerikanischen als auch in den europäischen Publikationen wird deutlich, dass frühe sexuelle Aktivitäten unserer Jugendlichen oft einhergehen mit einer geringeren Schulbildung, Delinquenz, Rauchen, Alkohol- und Drogenkonsum. In Amerika werden ein Drittel aller Abtreibungen bei Adoleszenten vorgenommen (Santelli u. Beilenson 1992).

Interessant sind die Geschlechtsunterschiede bezüglich der Wünsche und Fantasien von jugendlichen Mädchen und Jungen: Die Fantasien von männlichen Jugendlichen sind mehr geprägt vom sexuellen Wunsch nach genitalem Kontakt, während Mädchen in diesem Alter den Genitalien viel weniger zentralen Stellenwert einräumen. Die Masturbationsfantasien von jugendlichen Mädchen betonen den romantischen und Beziehungsaspekt. So ist es auch zu verstehen, dass 60 Prozent der Mädchen angeben, in ihren Fantasien eine andere Person zu sein im Vergleich zum realen Leben, verglichen mit nur einem Drittel bei den männlichen Jugendlichen. Mädchen stellen sich in den Fantasien auch vor, dass sie hübscher aussehen, als sie in Wirklichkeit sind (Kirkendall u. Mc Bride 1990).

Der erste Sexualverkehr »passiert« in aller Regel auch heute noch aus der Sicht der weiblichen Jugendlichen ungeplant. Sie fühlen sich gedrängt, überredet oder hilflos zu widerstehen, oder sie wollen dem Partner beweisen, dass sie ihn lieben, es ernst meinen. Den Geschlechtsverkehr zu planen scheint zumindest in Amerika bei den Jugendlichen mit Vorstellungen der Amoral verbunden zu sein (Yates 1996).

Esser und Schmidt (1997) konnten in einer prospektiven Längsschnittstudie bei 18-Jährigen feststellen, dass etwa ein Viertel sich selbst Probleme im Kontakt mit Gleichaltrigen attestiert, sich äußerlich unattraktiv findet und glaubt, kognitiv nicht so leistungsfähig zu sein wie die Gruppe der Gleichaltrigen. Die Autoren folgern: »Als isoliert im Kontakt mit Gleichaltrigen müssen 15 Prozent der 18-Jährigen gelten, sie haben keinerlei Freunde. Wesentlich höher ist der Anteil der Heranwachsenden, die noch keine Partnerin bzw. keinen Partner haben. Insgesamt sind 41 Prozent betroffen, die Rate ist unter den männlichen Jugendlichen signifikant höher als unter den weiblichen.« Bezüglich der Einschätzung eines »üblichen normalen jugendlichen Sexualverhaltens« gab es in den letzten 10 bis 15 Jahren ganz erhebliche Diskrepanzen in der Literatur, je nachdem, mit welchem Untersuchungsinstrument die Erhebung gemacht wurde (Fragebogen, Telefoninterviews oder persönliche Interviews). Recht optimistisch klingen die Ergebnisse von Pagenstecher (1988), der Folgendes postuliert:

- Sexualität wird zunehmend lustvoll, weniger verkrampft und konfliktfrei erlebt. Die Einstellung zu Selbstbefriedigung und Homosexualität ist tolerant geworden; sexuelle Beziehungen werden früher aufgenommen und sind seltener mit Angst- und Schuldgefühlen verbunden; vor- bzw. nicht eheliche sexuelle Beziehungen gelten als selbstverständlich.

- Jugendsexualität orientiert sich an Liebe, Treue und Partnerschaft. Voreheliche sexuelle Beziehungen gelten nicht mehr als Heiratsversprechungen bzw. -verpflichtung. Die Jugendlichen legen Wert auf die Dauerhaftigkeit und Verlässlichkeit ihrer Beziehungen. Es ergeben sich stabile Partnerschaftsbindungen, die jeweils von neuen abgelöst werden.

- Die Geschlechter, die sozialen Schichten sowie Stadt- und Land-Jugendliche gleichen sich in ihrem Verhalten zunehmend an. Beide Geschlechter lassen sich sexuell früher und häufiger aufeinander ein und wechseln häufiger den Sexualpartner.

Eine Möglichkeit, gleichsam probeweise Beziehungsängste zu überwinden und Beziehungswünsche zu kultivieren, stellen die Tagträumereien von Präpubertierenden und Pubertierenden dar sowie die Masturbationsfantasien. Dabei bedienen sich die Betreffenden häufig den Vorgaben von Abenteuerbüchern und Filmen, wobei Kämpfe und Abenteuer in Liebesgeschichten übergehen, wie dies Gohl (1991) u.a. beschrieben hat. Sie berichtet von einer 29-jährigen Frau, die sich an ihre Pubertät zurückerinnerte und Folgendes im Interview angab: »Also genau kann ich mich da nicht mehr dran erinnern ... Aber da war was mit Winnetou. Ich erlebte die Filme noch mal ... und dann sah ich mich auch mit ihm reiten. Ich lebte in einem Blockhaus im Wilden Westen ... aus dicken Baumstämmen, spärlich eingerichtet, Kamin, Tisch, Stühle, Feldbett ... Ja, Sex kam da auch drin vor ...«

Ein anderes Beispiel soll die Bedeutung der Tagträumereien unterstreichen:

Die 17-jährige Patientin Anja litt an einer Zwangserkrankung bei anorektischen und autistoiden Zügen. Abends vor dem Einschlafen malte sie sich in der Fantasie aus, wie sie als »König Anja« durch die Lande ritt, von allen bewundert, um Abenteuer zu bestehen und nach einer Jungfrau Ausschau zu halten. Die Patientin lehnte ihre eigene Mutter sehr stark ab, unternahm mit dem Vater Langstreckenläufe, der ihr zusicherte, dass sie durch das normale Essen nicht übergewichtig werden würde, da man mit einem 10-km-Langlauf im Schnitt ein Kilogramm abnehmen könne. Die Patientin sehnte sich nach einem Freund, war aber weit entfernt, in der Realität eine Partnerschaft zu wagen.

Ein empfundener sexueller Entwicklungsdruck kann mit Ursache sein für den Ausbruch von Magersuchts- und/oder Zwangserkrankungen. Generell lässt sich feststellen, dass bei neurotischen Entwicklungen in der Adoleszenz, insbesondere aber bei den Zwangserkrankungen die Zwangsgedanken und Zwangsvorstellungen häufig sexuelle und aggressive Themen beinhalten. Solche Patienten verfügen über ein ausgeprägt starkes Gewissen (so genanntes Über-Ich), das als Zensor fungiert, sexuelle Regungen und Wünsche zensiert und verhindert, dass sie gelebt werden. Um sich von den quälenden, manchmal gotteslästerlich anmutenden Zwangsgedanken zu distanzieren, werden Zwangshandlungen unternommen im Sinne einer Angstabwehr und Angstblockade. Dabei stehen magisch-mystische Vorstellungen Pate, durch das Zwangsritual den allmächtigen Gott kontrollieren bzw. in die gewünschte Richtung lenken oder leiten zu können. Im Alten Testament ist dies im 2. Buch Mose, Kapitel 17, anschaulich dargestellt: In diesem Kapitel wird der Sieg des Volkes Israel über die Amalekiter beschrieben. In Vers 8 bis 11 heißt es: »Es kam Amalek und stritt wider Israel in Raphidim. Und Mose sprach zu Josua: ›Wähle Männer aus und ziehe hin, zu streiten wider Amalek; ich aber will morgen auf die Spitze des Hügels stehen mit dem Stabe Gottes in meiner Hand.‹ Josua tat, wie Mose versprochen hatte, und stritt wider Amalek. Mose aber und Aaron und Hur stiegen auf die Spitze des Hügels. Und wenn Mose die Hände aufhob, siegte Israel; wo er sie aber ein wenig sinken ließ, übermochte Amalek.« Es wird hier eindrücklich beschrieben, wie durch eine Anstrengung und ein Ritual Gefahr abgewandt wird. Diese Vorstellung von der Möglichkeit einer Abwendung schlimmer Ereignisse durch eigene Leistung in Form von Ritualen ist bei zwangsneurotisch Erkrankten geradezu spezifisch. Man könnte hier auch von einem »Mose-Amalekiter-Syndrom« sprechen (Klosinski 1998). Ein weiteres Beispiel soll dies anschaulich machen:

Ritualisierte Zwangshandlungen dienen der Angstabwehr.

So berichtete ein 17-jähriger Jugendlicher mit einer Zwangsstörung, er müsse Personen immer oberhalb des Nabels anschauen, weil vom Nabel an aufwärts der Mensch göttlich sei, unterhalb des Nabels teuflisch. Dies führte dazu, dass er immer dann in Not kam, wenn Personen die Treppe herunterkamen und er von unten hinaufschaute und automatisch z.B. auf die Füße des Betreffenden sah. Um ein Unglück abzuwenden und nicht teuflischen Mächten ausgesetzt zu sein, musste er sofort Menschen von oben sehen, die vom guten heiligen Geist »besetzt« waren.

Klessmann und Klessmann (1988) haben den intrapsychischen Konflikt bei Anorektikerinnen als Triebkonflikt zwischen oraler Bedürftigkeit und Gewissensinstanz gedeutet:

Anorektikerinnen nehmen eine radikale Spaltung von Körper und Geist vor, wie sie Descartes in Postulaten vertritt: Geist und Körper seien »radikal unvereinbare Gebilde«, oder »Ich nehme meinen Körper und seine Funktionen wahr, aber ich bin nicht mein Körper«. Damit erleben Anorektikerinnen eine Doppelmoral in der Frauenrolle: Sie stehen zwischen der »sündigen Eva« und der »reinen Maria«. Auch bei diesem Krankheitsbild werden durch ein überstarkes Über-Ich häufig Triebkonflikte abgewehrt und kontrolliert (es ist bemerkenswert, dass bis zu 50 Prozent der Anorektikerinnen eine zwangsneurotische Begleiterkrankung aufweisen). Damit kommt es zu einer Abwehr aller weiblichen sexuellen Bedürfnisse und zu einem Kampf gegen die Sexualität als Trieb. Dies soll in einem weiteren kasuistischen Beispiel verdeutlicht werden (Klosinski 1998):

Konflikt zwischen »sündiger Eva« und »reiner Maria«.

Eine magersüchtige Patientin im Pubertätsalter hatte einen guten Kontakt zur Großmutter väterlicherseits, die aber wegen eines angeblich lasziven Lebenswandels von der übrigen Familie ausgestoßen war. Die anorektische Symptomatik des Mädchens trat in dem Augenblick ein, als ihr vonseiten der Eltern mitgeteilt wurde, sie, die Patientin, habe sehr viel Ähnlichkeiten mit der Großmutter: Es sei auffällig, wie Großmutter und Enkelin in gleicher, unverwechselbarer Weise ein gekochtes Ei mit dem Messer zu öffnen vermögen. Die Patientin wurde symbolisch von ihren Eltern mit der Großmutter »in einen Topf geworfen« und dadurch als potenziell negativ und gefährlich attribuiert. Die Patientin vertraute dem Therapeuten an, dass ihr größter Wunsch sei, wie ein Engel zu werden (um sich von der »teuflischen« Großmutter gleichsam abzusetzen). Im Laufe einer familientherapeutisch orientierten Psychotherapie war es möglich, das auf die Großmutter projizierte »Feindbild« schrittweise in der Familie abzubauen. Die Patientin konnte 14 Tage in den Ferien zur Großmutter gehen und nahm dort rasch an Gewicht zu.

Zusammenfassung und Schlussfolgerung

Ein seit langer Zeit bestehender Unterschied im Sexualverhalten zwischen Mann und Frau besteht tendenziell auch noch heute bei unseren Jugendlichen: Der Wunsch nach Liebe, Zärtlichkeit, Anerkennung und Geborgenheit bei Mädchen steht dem Wunsch nach unmittelbar sexueller Erfahrung bei Jungen entgegen (Hornstein 1982). Jungen neigen zu häufigeren sexuellen Beziehungen, Mädchen eher zu einer längerfristigen Beziehung mit gleich bleibendem Partner. Mädchen kommt es eher darauf an, dass die Sexualität gut in die Gesamtbeziehung integriert ist und sie mit dem Freund über alles sprechen können. Besonders für männliche Jugendliche (dies kann aber auch für weibliche gelten) können sexuelle (tatsächliche oder fiktive) Aktivitäten zu einem Mittel werden, um Pluspunkte im Wettbewerb mit Gleichaltrigen zu sammeln (Remschmidt 1992).

Durch die früher einsetzende Reife und körperliche Akzeleration werden sexuelle Bedürfnisse heute früher an die Jugendlichen herangetragen, sei es von außen durch die Peer-Gruppe, sei es durch die Medien und durch falsch verstandene Information und Indoktrination im Bereich der sexuellen Aufklärung. Heute scheint Sexualität für viele Jugendliche weniger befriedigend zu sein: Sexuelle Lust und sexuelle Befriedigung sind auf dem Rückzug. Jugend möchte entdecken, Grenzerfahrungen machen, auch Tabus brechen. Diese Tabus hält die Gesellschaft nicht mehr vor. Ein beträchtliches Stück Abenteuer und Spannung ist oft verloren gegangen, vieles ist schon via Medien als Sexualität aus zweiter Hand konsumiert worden, die persönlichen Begegnungen werden dann zum »Déjà-vu-Erlebnis«.

Der Adoleszente ist bemüht, die erwachende Sexualität in seine reifende Persönlichkeit einzubauen. Dieser Entwicklungsprozess wird aber häufig gestört und ist mit einem hohen Verletzungspotenzial verbunden: Der Jugendliche ist oft gezwungen, sich mit den Problemen der Erwachsenensexualität auseinander zu setzen, mit denen er häufig überfordert ist. Dass der sexuelle Entwicklungsdruck insbesondere auch von dem Verhalten der Eltern abhängt, mag einerseits selbstverständlich sein, ist andererseits aber auch für manche überraschend. Wir wissen aus vielen Familientherapien, dass sich mit Beginn der Pubertät ihrer Kinder bei Erwachsenen eigene ungelöste latente und verdrängte sexuelle Probleme neu aktualisieren, dass Ängste aufkommen, die es den Eltern erschweren, ihren Kindern Hilfestellung für eine angstfreie und unproblematische sexuelle Entwicklung zu geben. Überspitzt könnte man auch formulieren: Wohl und Wehe des Kindes und Adoleszenten liegen im Bett seiner Eltern. Eine problematische Paarbeziehung der Eltern im sexuellen Bereich führt unter Umständen entweder zu einer zu frühen Sexualisierung der Kinder, die überstürzt gelebt wird, oder zu einer Spätentwicklung: Beides, wie gezeigt, sind Risikopfade der Entwicklung. Erwachsene, die Mentorenfunktion bei Adoleszenten übernehmen sollen, müssen die nötige Nähe und Distanz aufbringen, um eigene Probleme nicht zusätzlich an die Jugendlichen herantragen, um sie zu befähigen, möglichst wenig angst- und schuldbeladen erste sexuelle Schritte wagen zu können (Klosinski 2001).

Nicht bearbeitete sexuelle Probleme der Eltern: eine Belastung für die Jugendlichen.

Suizidale Krisen bei Jugendlichen

Im Anschluss an das Buch von Jean Amery *Hand an sich legen – Diskurs über den Selbstmord* (1976) gab es in der öffentlichen Diskussion in den letzten zwei Jahrzehnten nicht wenige Stimmen, die der Meinung waren, jemandem, der zum Suizid entschlossen sei und dies endgültig, solle man die Freiheit lassen, dies auch zu tun. Dies mag für so genannte Bilanzsuizide erwachsener Menschen in einzelnen Fällen zutreffen, nicht aber für jene Menschen, die in suizidaler Not stehen oder einen Suizidversuch unternommen haben, und sicher auch nicht für jene Personen, die im Teenager- oder Jugendalter suizidal werden und dem Pädiater oder Jugendpsychiater vorgestellt werden. Katamnestische (also abschließende) Nachuntersuchungen haben 20 Jahre nach Suizidversuchen zeigen können, dass 80 Prozent der Menschen, die einen Suizidversuch begangen hatten, noch leben bzw. eines natürlichen Todes gestorben sind und dass, je nach Untersuchung, etwa 12 Prozent durch Suizid enden und etwa acht Prozent nicht mehr auffindbar waren (Pöldinger und Holzboer-Drachsler 1988). In aller Regel sind es psychosoziale Krisenanlässe, welche zur Suizidalität führen, wenn man von schizophrenen Erkrankungen und schweren endogenen Depressionen absieht. Weltweit fällt auf, dass die Suizidraten in den unterschiedlichen Ländern ganz unterschiedlich hoch sind: So haben etwa Ungarn, Finnland und die Schweiz im internationalen Vergleich hohe Suizidraten. Über die verschiedenen Altersstufen hinweg ist es aber in allen Ländern so, dass Männer eine deutlich höhere Suizidrate als Frauen aufweisen: Dies hängt damit zusammen, dass sie »härtere Methoden« (Erschießen, Erhängen etc.) anwenden, während Frauen überwiegend Medikamente einnehmen, sich »weicher« Methoden bedienen, die häufiger fehlschlagen. Dies ist auch bei jugendlichen Suizidanten so.

Vor dem zehnten Lebensjahr stellt sich stets die Frage, ob die Todesursache nicht ein Unfall gewesen ist oder ein »spielerisches Geschehen«, da bei Kindern rationales Wissen um den Tod nicht gleichzusetzen ist mit der Auseinandersetzung oder Bewältigung einer Todeserfahrung. Erst der Frühpubertierende beschäftigt sich in der Regel in kritischer Form mit seiner eigenen Endlichkeit und mit der Unausweichlichkeit des Todes. Kinder erleben den Tod einer wichtigen Bezugsperson vor allem als ein Verlassenwerden. Sie reagieren mit Enttäuschung und Vorwürfen. Ihre Suizidfantasien und -versuche sind vielfach eine Umkehrung dieses Erlebnisses: Sie antworten auf Liebesentzug mit dem Impuls, als Vergeltung nun ihrerseits »wegzugehen«.

Im Folgenden soll auf das Häufigkeitsvorkommen, die Ursachen, Motive und Hintergründe sowie die Psychodynamik suizidaler Krisen bei Jugendlichen eingegangen werden.

Eine im Rahmen einer 13 europäische Länder umfassenden Verbundstudie, die die Situation in Würzburg-Stadt und Würzburg-Landkreis untersuchte, konnte Folgendes für die Gruppe der 15- bis 19-jährigen Jugendlichen und Heranwachsenden in Bezug auf vollendete Selbstmorde und Selbstmordversuche feststellen (Schmidtke et al. 1996):

Die »Suizidziffer« (Zahl der Suizide pro 100.000 Einwohner) betrug bei den männlichen Jugendlichen neun pro 100.000, bei den weiblichen drei pro 100.000. Hingegen betragen die geschätzten Suizidversuchsraten 127 pro 100.000 für männliche Jugendliche und 376 pro 100.000 für weibliche. Während die Raten der männlichen Jugendlichen und jungen Männer in Bezug auf Suizidversuche in etwa stabil geblieben sind, ist hingegen bei weiblichen Jugendlichen die Zahl der Personen mit behandelten Suizidversuchen insgesamt deutlich angestiegen. Auffällig war auch der Unterschied bezüglich der Diagnosenstellung bei jugendlichen Patienten mit Suizidversuchen, was das Geschlecht anging: Bei den männlichen Jugendlichen und Adoleszenten lag in 24 Prozent der Fälle eine Psychose vor (psychische Störung mit Realitätsverlust) und in 53 Prozent eine akute Belastungsreaktion und/oder Anpassungsstörung. Bei den weiblichen Jugendlichen und Adoleszenten wurde hingegen keine Psychose diagnostiziert, sondern eine akute Belastungsreaktion und/oder eine Anpassungsstörung in etwa 50 Prozent.

Geschlechtsspezifische Unterschiede bei versuchtem Suizid.

Wie ein roter Faden zieht sich durch die Suizid-Literatur der letzten Jahrzehnte, dass in auffälliger Weise bei jugendlichem Suizid und Suizidversuch familiäre Konflikte oder Partnerschaftsbeziehungsstörungen eine entscheidende Rolle spielen. Auch wird die Bedeutung antisozialer Züge bei suizidalen Jugendlichen betont. Typisch ist bei suizidgefährdeten Jugendlichen das gemeinsame Vorkommen von verminderten Problemlösungskompetenzen und das Vorliegen von überwiegend so genannten »externalisierenden« Zügen (Verhaltensauffälligkeiten, die mit der Außenwelt »abgehandelt« werden, bei denen der betroffene Jugendliche den Grund seines Verhaltens in seiner Umwelt und nicht bei sich selbst sieht): Ärgerlichkeit, Kritikempfindlichkeit, Impulsivität, Aggressivität und Dissozialität (Braun-Scharm 1991). Ferner sind charakteristische Krisensituationen bei jugendlichen Suizidenten folgende: Liebeskummer, lang andauernde Belastungen wie körperliche oder sexuelle Misshandlungen und auch Zeugnisangst. Von entscheidender Bedeutung für die Ausprägung der Suizidalität ist bei Jugendlichen der Grad des familiären Rückhaltes (Asarnow und Carlson 1988). Durch das Empfinden, zu wenig anerkannt zu werden (Aufkündigung einer Freundschaft oder Abwertung durch enttäuschte Eltern), kommt es häufig zu einem mangelnden Selbstbewusstsein und zu einer persönlichen Sinnkrise mit Nichtigkeitsgefühlen, die dann unter Umständen in einen Suizid einmünden können.

Unter den Familienkonflikten sind es besonders die Zerwürfnisse in der Familie sowie der von den Jugendlichen empfundene Liebesentzug und die Einengung durch ihre Eltern. In einer Untersuchung zu suizidauslösenden Faktoren bei 157 stationär oder ambulant behandelten Patienten zwischen 10 und 18 Jahren der Kinder- und Jugendpsychiatrie Marburg (Remschmidt und Schwab 1978) ließen sich die Häufigkeiten der drei wichtigsten suizidauslösenden Faktoren eruieren:

- familiäre Konflikte (32 Prozent),
- Partnerschaftskonflikte (16 Prozent) und
- Schul- und Ausbildungsprobleme (11,5 Prozent).

Sexuelle Konflikte als suizidauslösende Faktoren lagen in sieben Prozent vor, psychische Erkrankungen lediglich in 3,8 Prozent.

Das gebräuchlichste Suizidmittel waren mit 69 Prozent Schmerz- und Schlaftabletten, 22 Prozent der Jugendlichen hatten wiederholt einen Suizidversuch begangen.

Viele Jugendliche mit suizidalem Verhalten stammen aus Broken-Home-Situationen. Eine amerikanische Studie konnte nachweisen (Tishler und Mc Kenry 1982), dass die Väter von jugendlichen Suizidanten gegenüber einer Kontrollgruppe häufiger an depressiven Verstimmungen litten, ein niedrigeres Selbstwertgefühl hatten und häufiger Alkohol tranken. Die Mütter der Suizidanten unterschieden sich von jenen einer Kontrollgruppe durch vermehrte Ängstlichkeit, häufigeres Vorkommen von Suizidgedanken und höherem Alkoholkonsum. Auch steigt das Suizidrisiko von Kindern und Jugendlichen, wenn einer oder beide Elternteile an einer mit erhöhtem Suizidrisiko einhergehenden psychiatrischen Erkrankung leiden.

Interessant erscheint, dass phasenspezifische, innerseelische Faktoren der Pubertierenden eine Neigung zur Suizidhandlung begünstigen: In einer eigenen Untersuchung (Klosinski 1983) ließ sich feststellen, dass bei 122 Jugendlichen, die wegen Suizidversuchen in der Kinder- und Jugendpsychiatrie Tübingen vorgestellt und behandelt wurden – es handelte sich um 76 Mädchen und 46 Jungen –, in der Altersstufe der 10- bis 12-Jährigen bei den Mädchen lediglich 13,2 Prozent, bei den 13- bis 15-Jährigen hingegen 59,2 Prozent und bei den 16- bis 20-Jährigen 27,6 Prozent zu finden waren. Das heißt, diese »Hoch-Zeit« des Tabletten-Suizidversuchs bei Mädchen fällt zusammen mit der eigentlichen Hochpubertät der Mädchen und ist gekennzeichnet durch ein zentrales Selbst-Unwerterleben, das sich in Selbstwertgefühlsstörungen äußert.

Oft ist der Selbstmordversuch bei Jugendlichen ein letzter verzweifelter Versuch einer Begegnung mit den Eltern. In solchen Fällen liegt regelmäßig eine tief greifende Kommunikationsstörung zwischen Eltern und dem Jugendlichen vor. Mangold und Seidl (1974) unterschieden drei Gruppen bei Adoleszenten, die suizidal sind:

- Gruppe 1: Diese Jugendlichen zeichnen sich dadurch aus, dass sie einen geliebten Menschen verloren haben, ohne den das Leben für sie sinnlos erscheint.

- Die Jugendlichen der zweiten Gruppe sind gekennzeichnet durch ihre Selbstverachtung und Selbstanklage. Man kann sie schlagwortartig umschreiben mit »the bad me« (mein schlechtes Ich). Die Betroffenen dieser Gruppe empfinden häufig: »Meine Eltern lieben mich nicht, weil ich böse und verdorben bin, ich bin nichts wert, muss sterben.« Jugendliche dieser Gruppe haben ein sehr starres, strenges und strafendes Eltern-Ich in Form eines Super-Ego aufgebaut und innerlich übernommen.

- Bei der dritten Gruppe von suizidalen Jugendlichen handelt es sich um Jugendliche, deren Suizidversuch einen Hilfeschrei bedeutet. Die Autoren nannten sie die »Cry for help-Gruppe«. Bei diesen Jugendlichen liegen überwiegend äußere Stresssituationen wie chronische Erkrankungen oder chaotische Familienzustände vor.

Als Warnsignale der Suizidgefährdung bei Jugendlichen gelten:
Subjektiver Eindruck, nicht ausreichend geliebt zu werden, Gefühl der Einsamkeit, Isolation und Verzweiflung, Ängste, Gefühle der Ausweg- bzw. Sinnlosigkeit; Grübelzwänge; Teilnahmslosigkeit; Sehnsucht, »weg zu sein«, »auszuschlafen«; Leistungsabfall in der Schule; Weglauftendenzen sowie frühere Suizidversuche und Fantasien über das »Danach«. Diese aufgeführten Warnsignale der Suizidgefährdung sind allerdings noch sehr allgemein gehalten und münden keineswegs immer in ein so genanntes »präsuizidales Syndrom«, eine gefährliche Vorstufe unmittelbar vor einem Suizidversuch. Ein solches baut sich auf, wenn konkrete Vorstellungen über die Durchführung eines Suizidversuches vorliegen, gepaart mit depressiven Gefühlen und psychosomatischen Äquivalenten (z.B. Schlafstörungen, Konzentrationsstörungen, vegetative Irritierbarkeit). Ist

Warnsignale des präsuizidalen Syndroms und der Suizidgefährdung.

bei einer chronisch suizidalen Phase der Entschluss zum Selbstmord beim Jugendlichen gefällt, kann es aber auch möglich sein, dass er plötzlich weniger depressiv, eher gelassen und fast euphorisch erscheint. Dies hängt damit zusammen, dass er in Gedanken die Szene nach seinem Selbstmord durchspielt und sich vorstellt, wie z.B. Freunde und Angehörige am Grab betroffen sind und sich Vorwürfe machen.

Noch mehr als beim Erwachsenen spielen beim suizidgefährdeten Jugendlichen folgende Komponenten eine bahnende Rolle, die die suizidale Haltung mit der ihr eigenen Logik und Dynamik erst möglich machen:

1. das zerbrochene Weltbild,
2. der gestörte Dialog und die hierdurch bedingte Verstärkung der Vereinsamung und das Gefühl, emotional zu kurz zu kommen.

Dies soll im Folgenden näher ausgeführt werden.

Das zerbrochene Weltbild

Die kognitive Entwicklung, die in der Pubertät zum Erwerb komplexer Denkprozesse führt, erlaubt dem Jugendlichen nicht nur, »das eigene Denken zu denken«, sondern die neue Denkfähigkeit erlaubt auch ein Hinterfragen von bislang Gültigem, mit der Folge einer mehr oder weniger ausgeprägten Krise des Weltbildes, besonders im Bereich der religiösen Überzeugungen und der ethischen Wert- und Moralvorstellungen (vgl. hierzu die Entwicklungsaufgaben der Adoleszenz, Seite 26 f.). Gelingt es dem Pubertierenden nicht, die eigene »neue Weltsicht« in die ihn umgebende Welt zu integrieren, verschieben sich die Akzente und das Interesse drückt sich in der ausschließlichen Beschäftigung mit einer in sich zerbrochenen Identität aus. Die Umwelt des Jugendlichen verliert ihre Konturen, das Unbestimmte herrscht vor und er läuft Gefahr, dass der immer neu zu entwerfende Lebensplan die Kluft zwischen den Welten – seiner persönlichen und der nichtpersönlichen, fremden Welt – nicht mehr überbrückt.

Der Pubertierende ist zudem seinem Wesen nach ein »relativ Isolierter«. Eine gewisse Isolierung in Zusammenhang mit der Konzentration auf die eigene Innenwelt in der Pubertät ist die notwendige Voraussetzung, um reife Beziehungen zwischen Individuen entstehen zu lassen, und damit erforderlich für ein normales Sozialverhalten. Wie ausgeführt, kann unsere heutige westliche Gesellschaftsordnung dem Pubertierenden keine funktionierende »institutionalisierte Initiation« diesbezüglich anbieten. So scheint die Rolle des temporären Außenseiters manchmal die einzige Lebensmöglichkeit zu sein, sich mit sich selbst auseinander zu setzen. Der sich zunehmend vereinsamt fühlende Pubertierende erlebt das Leben unter dem Aspekt des Verlassen- und Verschlossenseins. Er glaubt, sich selbst am nächsten zu sein, und ist sich dabei selbst ein Fremder: Er ist heimatlos geworden.

Gestörte Dialoge und Vereinsamung

Der Tablettensuizidversuch bei Jugendlichen, der die häufigste Form unter den Suizidmethoden darstellt, stellt einen verzweifelten Versuch dar, eine eingetretene Pubertätskrise zu »lösen«. Die verschiedenen Aspekte der Pubertätskrise (Vertrauenskrise, Autonomiekrise und Identitätskrise) haben beim suizidgefährdeten Pubertierenden mit jeweils unterschiedlicher Gewichtung eine bedrohliche Dimension angenommen und scheinen für den Betreffenden durch seine suizidale Handlung – wenn auch zeitlich nur begrenzt – als Ausweg aus der Krise: Oft setzt der jugendliche Suizidgefährdete der Ohnmacht in der konkreten Vertrauenskrise (auf dem Hintergrund des unterbrochenen Dialoges mit den Eltern) ein imaginäres Publikum entgegen, begleitet von Rachegefühlen. Eine gewisse bitter-süße Lust begleitet z.B. die Vorstellung, wie die anderen am Grab zu spät den Wert des Gestorbenen erkennen. Dies bedeutet, dass der suizidgefährdete Jugendliche eigentlich wünscht, der abgebrochene Dialog möge durch die suizidale Geste wieder aufgenommen werden. Insofern ist der Suizidversuch als dynamische Handlung sowohl ein Angriff auf die eigene Person als auch ein Angriff auf die Außenwelt.

Seine Autonomie versucht der jugendliche Selbstmörder durch den Entschluss zurückzugewinnen, der Ohnmacht durch eigenes Handeln ein Ende zu setzen. Das dabei vorhandene Zögern und die Ambivalenz, weder leben noch sterben zu können und die »Entscheidung« letztlich doch dem Schicksal zu überlassen, wird im Suizidversuch mittels Tabletten besonders deutlich demonstriert: Der Pubertierende weiß in aller Regel, dass die Quantität der Tabletteneinnahme über den »Ausgang« entscheidet. Er weiß, bewusst oder unbewusst, dass er das Schicksal herausfordert und dass er damit an den äußersten Rand des Abgrundes geht. Mit der suizidalen Handlung nimmt er Rache an der Vergangenheit unter »scheinbarem Verzicht« auf die Zukunft; dabei findet sich grausamerweise sein Mut zum Leben in der verklausulierten Form des Mutes zum Tod wieder.

Kommt es durch die Tabletteneinnahme zu einem Lösungsversuch einer Identitätskrise? Der Tablettensuizidversuch bewirkt, dass es zum tiefen Schlaf, zur Bewusstlosigkeit oder gar zum Tod kommt, d.h. psychologisch gesehen in jedem Fall zu einer Verschmelzung mit dem geliebten oder gehassten Objekt, in den meisten Fällen mit einem Elternteil oder mit dem Partner, der stellvertretend die Mutter oder den Vater als primäre Bezugsperson repräsentiert. Der Versuch der äußersten Absonderung im Selbstmord führt letztlich zur Vereinigung, so wie der Ausreißer von »Heimweh« geplagt ist. Die Verschmelzung bahnt sich bereits in den Fantasien des »imaginären Publikums« an. Durch die in der Fantasie vorweggenommene und durch den Schlafzustand herbeigeführte Verschmelzung mit jener Person, die einen in der Realität oder psychologisch »verlassen hat«, ist die Identitätskrise zeitweilig durch eine so genannte Identifikation mit dieser Person, um die es geht, »aufgehoben«.

Der Suizidversuch mit Tabletten hat als »Spiel mit dem Tode« einen grenzüberschreitenden Aspekt, der die Umkehr sämtlicher Werte beinhaltet: Tod und Leben, in den Gedanken des suizidalen Jugendlichen ohnehin dicht beieinander liegend, verlieren im ambivalenten Schwebezustand des Selbstmörders ihre Bedeutung als eindeutige Situation, ihr spezifischer Sinn verändert sich im wechselseitigen Vertauschen. Auf diese Weise kommt der gewünschte Tod dem Leben sinngemäß so nahe, dass die Qualität des Daseins, des Lebens, von ihm übernommen werden. Das Leben hingegen nimmt mit dem Tod verwandte Attribute an und verliert die bestimmte Eindeutigkeit des Existierens (Freye 1974).

Der Tablettensuizidversuch als Grenzüberschreitung und Selbstinitiation.

Bildlich gesprochen kann man den Tablettensuizidversuch des Pubertierenden als »Nachtmeerfahrt des Helden« beschreiben. Er begibt sich in das Dunkel und in die Untiefen seines Unbewussten, dem er aufgrund seines labilen Ichs mehr oder weniger ausgeliefert ist. Alle Gegensätze fallen auf dieser »Fahrt« zusammen, vereinigen sich. Dieser Zustand ist voller Paradoxien: In dem Akt der größtmöglichen Entfernung kommt es zur Verschmelzung, d.h. zur größtmöglichen Nähe, das Schweigen wird durch die suizidale Handlung zum furchtbaren Aufschrei, der Rückzug zum unübersehbaren Signal. Bleibt der Suizidversuch erfolglos, gleicht der Jugendliche nach seiner »Rückkehr« einem Wiedergeborenen, einem Initiierten. Die Reaktion der Eltern ist jedoch meist alles andere als »einem Initiierten angemessen«. Äußerungen wie »Man sollte dir den Hintern versohlen« oder ähnliche Formulierungen sind nicht selten. Eine gänzlich andere Haltung wird einem Jugendlichen nach einem überlebten Suizidversuch mit Tabletten seitens der gleichaltrigen Freunde entgegengebracht: Sie zeigen neben Betroffenheit häufig auch Bewunderung, sie »prahlen« damit, jemanden aus ihrem Freundeskreis zu kennen, der »fast drüben« war, der eine außergewöhnliche Grenzsituation durchlebt hat, die etwas Einmaliges und Unheimliches an sich hat. Der Betreffende hat mit seinem Selbstmordversuch unter Beweis gestellt, dass er imstande ist, Konventionen über Bord zu werfen und den »Aus- und Überstieg« zu wagen. Vielleicht besteht deswegen bei gleichaltrigen Freunden nach einem Suizidversuch ein erhöhtes Risiko zum Imitationsverhalten.

Ein suizidgefährdeter Jugendlicher sollte einem Facharzt für Kinder- und Jugendpsychiatrie vorgestellt werden, der zusammen mit dem Jugendlichen und den Eltern entscheiden muss, wie gefährlich die eingetretene Situation ist und was sofort und mittelfristig als Krisenmanagementmaßnahme einzuleiten ist: In der Behandlung suizidaler Krisen ist eine flexible und interdisziplinäre Zusammenarbeit gefragt mit dem primären Ziel, den psychischen Zustand des Betroffenen (und die sozialen Umweltbedingungen) zu stabilisieren, um das Risiko für ein erneutes Auftreten von Suizidalität zu minimieren. Die Prognose wird u.a. dadurch bestimmt, inwieweit es gelingt, zugrunde liegende Konflikte, Belastungsfaktoren individueller und sozialer Art zu reduzieren und psychische Störungen erfolgreich zu behandeln.

Dies ist von großer Bedeutung, da nach allgemeiner jugendpsychiatrischer Erfahrung auf jeden vierten Suizidversuch im Kindes- und Jugendalter ein Wiederholungsversuch folgt (Karle 2001).

Selbstverletzendes Verhalten

In der Pubertät und Adoleszenz tritt insbesondere bei Mädchen ein Verhalten zutage, das die Jugendpsychiater als »artifizielle Störung« beschreiben. Damit ist die durch die eigene Hand vorgenommene, bewusste Selbstschädigung des eigenen Körpers gemeint. In den allermeisten Fällen ritzen oder schneiden sich die betreffenden Jugendlichen (es sind überwiegend Mädchen) mit einem scharfen Gegenstand am Handgelenk. Im Amerikanischen sprach man deswegen vom so genannten »Wrist-Cutting-Syndrome«. Die allermeisten Jugendlichen, die ein selbstverletzendes Verhalten aufweisen, bekennen sich dazu, dass sie die Selbstverletzung eigenständig vorgenommen haben. Es gibt aber auch solche Jugendliche, die die Selbstschädigungen heimlich vornehmen, Beschwerden erfinden oder vortäuschen, um auf diese Art und Weise in eine Patientenrolle zu gelangen. Man spricht dann von der artifiziellen Krankheit im engeren Sinne oder von einem so genannten »Münchhausen-Syndrom« (in Anlehnung an den berühmt gewordenen Geschichtenerzähler und Schwindler Karl-Friedrich Freiherr von Münchhausen). Zum Münchhausen-Syndrom gehören folgende Symptome:

- das Erfinden, Verschlimmern und Erzeugen von Krankheitssymptomen aus einer inneren Notwendigkeit heraus, um die Krankenrolle und Hospitalisation zu erlangen,
- das geschickte, tendenziell hochstaplerische Erzählen von erklärenden Geschichten mit falschen Namen und Biografien (Pseudologia fantastica) sowie
- das Aufsuchen immer wieder neuer Behandlungseinrichtungen.

Im Krankenhaus fordert der Betroffene ständige Beachtung und neigt dazu, die Behandlung abzubrechen (Behandlungswandern, »Hospital-Hopper-Syndrom«).

Das selbstverletzende Verhalten von Jugendlichen kann alle Körperregionen betreffen, insbesondere sind davon die Arme und das Gesicht betroffen. Leichtere Formen von Selbstschädigung und selbstverletzendem Verhalten sind Verhaltensweisen wie das Schlagen mit der Hand oder der Faust an den Kopf, Sich-selbst-Beißen oder -Kneifen, Sich-selbst-blutig-Kratzen und das Ausreißen von Haaren. Schwerere Formen liegen dann vor, wenn mit dem Kopf gegen Wände oder Türbogen geschlagen wird, wenn sich die Betreffenden Teile der Lippe oder der Zunge abbeißen oder wenn mit den Fingern ein heftiges Augenbohren erfolgt. Auch tiefe Schnittverletzungen oder Verbrennungen sind hier zu nennen. Scharfe Gegenstände aller Art, wie Messer, Glassplitter, Bleistifte, Rasierklingen, Nadeln und Büroklammern, werden als Instrumente für Selbstschädigungen des eigenen Körpers verwendet. Es können aber auch die Zähne, Fingernägel oder die Faust zur Selbstschädigung eingesetzt werden.

Was sind die Hintergründe eines selbstverletzenden und selbstschädigenden Verhaltens bei Adoleszenten?
Selbstverletzungen und Selbstschädigungen können unterschiedliche Ursachen haben: Biologische und entwicklungspsychologische, soziale und kulturelle Faktoren spielen in wechselseitiger Verknüpfung hierbei eine entscheidende Rolle. In Bezug auf biologische Ursachen ist z.B. bekannt, dass bei einer Stoffwechselstörung (genauer: Enzymdefektstörung) ein zwanghaftes Beißen auf die Lippen und die Zunge vorkommt (z.B. Lesch-Nyhan-Syndrom, bei dieser Erkrankung geht das selbstverletzende Beißen mit einer erhöhten Harnstoffmenge im Blut einher, bedingt durch einen Enzymdefekt). Ferner schuldigt man ein Ungleichgewicht im Neurotransmitterstoffwechsel des Gehirns (Dopamin- und Serotoninstoffwechsel) an, das für ein selbstverletzendes Verhalten mit verantwortlich sein soll. In den letzten Jahren hat man auch herausgefunden, dass offenbar körpereigene Opiate, die so genannten Endorphine, ebenfalls für ein selbstverletzendes Verhalten verantwortlich sein könnten. Wiederholtes autoaggressives Verhalten soll demnach durch die Freisetzung von endogenen, d.h. durch das Gehirn produzierten Opiaten, einen positiven, verstärkenden Affekt haben. Damit wäre die Ausschüttung von Endorphinen eine Reaktion auf das selbstverletzende Verhalten, das diese unterhält. Gestützt wird diese Hypothese dadurch, dass selbstverletzendes Verhalten in manchen Fällen deutliche Kriterien süchtigen Verhaltens aufweist, dass die Betreffenden durch die Selbstverletzung nach dem unmittelbaren Schnitt, wenn Blut fließt, eine Erleichterung verspüren.

Biologische Zusammenhänge bei autodestruktivem Verhalten von Jugendlichen.

Aus der Sicht der Verhaltensforschung stellen solche Selbstschädigungen ein *reaktives Verhalten* dar, mit dem eine bestimmte Handlung erzwungen wird: Durch ein Sich-schneiden werden die Konsequenzen vom Betreffenden kontrolliert (sofortige Zuwendung, wenn nur tief genug geschnitten wird und das Blut läuft). Dies würde bedeuten, dass wiederholtes selbstverletzendes Verhalten auch ein erlerntes Verhalten sein kann, welches durch positive oder negative Verstärker aufrechterhalten wird. Es kann aber auch im Sinne eines Modell-Lernens verstanden werden: Wenn eine Freundin diese Symptomatik zeigt, wird sie übernommen. Unter tiefenpsychologischen Aspekten handelt es sich zum einen um eine Selbstbestrafung, zum anderen um die Besetzung eines Körperteils im Sinne eines Fetisch: Der Arm, der angeschnitten wird, ist nicht der Arm des Betreffenden, sondern »besetzt« vom geliebten und gehassten »Objekt«, d.h. meist von einer geliebten oder gehassten Bezugsperson. Das Sich-selbst-Verletzen kommt auch einer sadomasochistischen Handlung gleich, da Täter und Opfer ein und dieselbe Person sind.

Bei jugendlichen Selbstverletzern scheinen aber auch noch andere Erklärungsmöglichkeiten vorzuliegen: Selbstverletzendes Verhalten kann auch *Ausdruck einer Selbststigmatisierung* sein. Wenn insbesondere pubertierende Mädchen in Form des »Wrist Cutting« ihre Unterarme ritzen, schneiden und sich damit bleibende Narben setzen, könnte dies auch als paradoxe Selbststigmatisierung verstanden werden: Diese Mädchen bekennen sich zum Anderssein, schlüpfen in die Rolle chronisch Depressiver bzw. Suizidaler, wollen aber damit nicht nur ausgegrenzt und gemieden werden, sondern gleichzeitig auch besondere Zuwendung und Hilfe erfahren. Die Jugendlichen geben damit folgendes Signal: »Ich kann nicht akzeptieren und aushalten, dass man mich missachtet, nicht versteht, mich als unnütz ansieht. Wenn ihr mir schon auf diese verächtliche Weise begegnet, dann sollt ihr auch bestätigt werden in eurem Glauben. Durch meine Stigmata (Narben) könnt ihr ja hoffentlich sehen, dass ich nicht ›normal‹ bin. Verhaltet euch nur weiter so. Ein bisschen Hoffnung habe ich aber, wenn ich ehrlich bin, dass einer von euch merkt und sieht, dass ich etwas Besonderes bin, keine ›08/15-Person‹.« (Klosinski 1999). Das vom Jugendlichen sich selbst zugeführte körperliche Stigma, das auch als Selbsterniedrigung und Selbsthass aufgefasst werden kann, führt also zu einem sekundären Krankheitsgewinn und zur Isolation. Dies hat zur Folge, dass ein fehlendes oder negatives Feedback mit dem Stigma in Verbindung gebracht wird und damit eigenes Schuldempfinden wieder abgewendet (verdrängt) und in die häufig abwesende Umwelt projiziert wird.

Selbstverletzendes Verhalten kann aber auch als eine *Autoinitiation* verstanden werden *in Ermangelung eines Pubertätsritus* (siehe auch Seite 69 ff). Bei verstümmelndem Selbstverletzen spricht man auch von Automutilation (lateinisch mutilare, trennen). Bei den Trennungs- und Pubertätsriten in Ländern der Dritten Welt werden am Körper der »Täuflinge« Einritzungen (Inzisionen) oder Aus- und Abschneidungen (Exzisionen) vorgenommen. Sie werden tätowiert durch kleine Stiche (tatauiert) oder durch künstlich erzeugtes Ritzen in die Haut »skarifiziert«, Zähne werden ausgeschlagen oder abgefeilt, wie z.B. auf Bali anlässlich der so genannten »Tooth-Filing-Ceremony«. Angesichts solcher »Fremdmutilationen« bei den Naturvölkern lässt sich fragen, ob nicht in den Selbstverletzungen von Heranwachsenden unseres Kulturkreises ähnliche Tendenzen der Trennung aufleuchten, die in ihrer Signalwirkung und Symbolsprache auf die bislang noch mehr oder weniger starke symbiotische Bindung an die Mutter aufmerksam machen und die letztlich einer »Eigeninitiation« gleichkommen.

Nicht wenige Adoleszente in der Phase der Spätadoleszenz mit selbstverletzendem Verhalten weisen Zeichen einer so genannten *Borderline-Persönlichkeitsstörung* auf, einer Erkrankung, die auf der Grenze zwischen Neurose und Psychose steht und gekennzeichnet ist durch eine Unfähigkeit, in ein und derselben Person deren positive und negative Seiten sehen und anerkennen zu können. Patienten und Patientinnen mit einer Borderlinestörung neigen zur schnellen Idealisierung einer Person und anschließender Entwertung. Vier Thesen, die für eine Mehrzahl der Jugendlichen in einer Adoleszentenkrise zu gelten scheinen, die aber insbesondere für Jugendliche mit selbstverletzendem Verhalten und mit suizidalen Tendenzen zutreffen, sind folgende:

1. These:
Autodestruktive Jugendliche sind konfrontiert mit dem Verlust der Gegenwart und einer verhinderten Bedürfnisbefriedigung in der Zukunft.

2. These:
Die psychische Ausgangslage von immer mehr autodestruktiven Jugendlichen ist durch eine zu starke emotionale Entbehrung und Mangelsituation einerseits und/oder eine zu ausgeprägte Verwöhnung andererseits gekennzeichnet, wobei meist die Gleichzeitigkeit beider Erziehungsstile das eigentlich Krankmachende darstellt.

3. These:
Immer mehr selbstzerstörerisch agierende Jugendliche sehen sich einer entmythologisierten Welt gegenüber und befinden sich gleichzeitig auf der Suche nach einer neuen Mythologie.

4. These:
Immer mehr Jugendliche mit autodestruktivem Verhalten reagieren auf einen von ihnen mehr und mehr als »gesetzlos« erlebten Zustand der Gesellschaft, indem sie diese ablehnen, sich aus dieser Gesellschaft zurückziehen durch Flucht in die Drogen oder durch eine Haltung des unbedingten, sofortigen Versorgtwerdens im Sinne eines »Instant Relief«.

Vorbeugende und therapeutische Maßnahmen bei offenem und verstecktem selbstverletzendem Verhalten Jugendlicher

Eine Prävention versteckter selbstverletzender Erkrankungen Jugendlicher ist kaum möglich, da sie über eine beträchtliche Zeitspanne hinweg nicht als psychische Erkrankungen erkannt werden. Auch hier gilt, wie beim suizidalen Jugendlichen, dass ein konstruktiver und gelungener Umgang mit aggressiven Tendenzen im Sinne von gesundem Durchsetzungsvermögen und adäquaten Problemlösungsstrategien die wesentlichsten erzieherischen Faktoren sind, um ein mögliches selbstverletzendes Verhalten in der Pubertätskrise zu vermeiden. Entsprechend der Genese des selbstschädigenden Verhaltens lassen sich zwei Gruppen unterscheiden:

- solche, die durch äußere Einflüsse und Situationen aufrechterhalten werden, z.B. durch Zuwendung im Falle des Auftretens des selbstverletzenden Verhaltens, und

- solche, die durch innere Faktoren aufrechterhalten werden. Bei ihnen liegt eine Selbststimulation vor.

Bei der ersten Gruppe kommt es darauf an, das die Störung aufrechterhaltende oder auslösende Verhalten zu ändern, z.B. durch Zuwendungsentzug oder durch Belohnung alternativer Verhaltensweisen. Bei der zweiten Gruppe kann unter Umständen medikamentös eine Linderung oder deutliche Entlastung erfolgen. In beiden Fällen ist eine Psychotherapie erforderlich.

Die psychotherapeutische Arbeit mit Jugendlichen, die selbstverletzendes und selbstzerstörerisches Verhalten zeigen, legt die Schlussfolgerung nahe, dass bei diesen Jugendlichen selbstschädigende Vorstellungen als mehr oder weniger unbewusste Muster (Schemata) von problemerzeugenden und Probleme aufrechterhaltenden Einstellungen im Vordergrund stehen: erlernte Hilflosigkeit, Minderwertigkeitsgefühle, fehlendes Selbstvertrauen, soziales Misstrauen, Perfektionismus, Negativierung der eigenen Personen und anderer Personen aufgrund idealisierter Wunschvorstellungen, Fehlen von realistischen Erwartungen und unangemessenen Problemlösungsstrategien, Unterdrückung von Gefühlen und der Selbstwahrnehmung, Ablehnung von Kommunikationsfähigkeit und Genussfähigkeit. Immer wieder sind es wahrnehmungsverzerrende Beurteilungen von problematischen Beziehungen, die als Angelpunkt selbstdestruktiver Erlebens- und Verhaltensweisen angesehen werden müssen.

Zur Alkohol-, Nikotin- und Drogenproblematik

Der derzeitige Konsum psychoaktiver Substanzen in der Adoleszenz lässt sich wie folgt beschreiben: Der Nikotin- und Alkoholkonsum stellt das größte Problem im Jugendalter dar, wird aber weder von unserer Gesellschaft insgesamt noch von den Jugendlichen selbst als eigentliches Problem wahrgenommen, da es sich um legale Drogen handelt, die für Jugendliche Erwachsenenstatussymbolik aufweisen und insbesondere auch deswegen konsumiert werden. Hatte noch der letzte Suchtbericht Deutschlands im letzten Jahrhundert bezüglich des Alkoholkonsums in den 80er- und 90er-Jahren bei Jugendlichen und jungen Erwachsenen festgestellt, dass sich durchgängig rückläufige Werte ergaben, so stellte die Drogenbeauftragte der Bundesregierung laut dpa (Südwestpresse vom 13.11.2001) fest, Jugendliche in Deutschland würden immer früher zu »Glimmstängeln und Flasche« greifen. War der Anteil der Jugendlichen, die bei ihrer ersten Rauchererfahrung jünger als 14 Jahre alt waren, im Westen unserer Republik von fast der Hälfte im Jahre 1986 auf etwas mehr als ein Drittel bis 1999 gesunken, stieg andererseits in der Altersgruppe der 12- bis 17-Jährigen die Raucherquote in den letzten drei Jahren wieder an (Stand 2003).

Nach rückläufigen Zahlen in den letzten Jahrzehnten sinkt das Einstiegsalter für legale Drogen derzeit.

Erste Erfahrungen mit illegalen psychoaktiven Substanzen werden zu einem hohen Prozentsatz in der Pubertät gesammelt, wegen der hohen Risikobereitschaft dieser Altersphase. Das Alter der Erstkonsumenten wird dabei immer geringer. Es ist heute davon auszugehen, dass 15 bis 20 Prozent aller Jugendlichen und jungen Erwachsenen Erfahrungen mit illegalen Drogen haben (Möller und Thoms 2002). Jugendliche, die Drogen einnehmen, probieren sie mehrheitlich nur wenige Male aus und befriedigen hierin ihre Neugier. In repräsentativen Erhebungen nehmen etwa neun Prozent der Jugendlichen und Adoleszenten im Alter zwischen 12 und 24 Jahren in den alten Bundesländern Drogen, insbesondere Cannabis-Produkte, ein (Tossmann und Pilgrim, 2001).

Der Konsum betäubender Rauschmittel scheint rückläufig zu sein, während die Gruppe der Amphetamine, hier vor allem die »Entaktogene«, mit ihrem Hauptvertreter »Ecstasy« (Wirkstoff Methylendioxymethamphetamin, MDMA), sich zunehmender Beliebtheit erfreut. Ecstasy ist die zur Zeit in Deutschland am meisten verbreitete synthetische Droge (Designerdroge). Der Ecstasykonsum hat sich seit Beginn der 90er-Jahre bei Jugendlichen und jungen Erwachsenen verdreifacht (Tomasius 1999, Greyer et al. 2000). Darüber hinaus werden immer häufiger biogene Drogen wie »Engelstrompeten« oder psilocybinhaltige Pilze konsumiert (Paetzold et al. 1999).

In den vergangenen Jahren hat sich die Zahl der in Beratungsstellen betreuten jungen Menschen, die Drogen einnehmen, verdoppelt. Etwa drei bis vier Prozent der Jugendlichen nehmen Ecstasy und Amphetamine ein. Während die Zahl der Kokainkonsumenten stets zunimmt, stagniert der Heroinkonsum auf hohem Niveau.

Die Bedeutung der erstgebrauchten legalen Drogen Alkohol und Tabak wird deutlich, sobald man Missbraucher illegaler Drogen retrospektiv zu ihrer Karriere befragt: Immer besteht eine strenge Korrelation mit beginnendem (später gleichzeitigem) Zigaretten- und Alkoholkonsum. Beim Adoleszenten-Drogengebrauch werden überwiegend verschiedene Substanzen multipel eingenommen, dabei wird häufig mit der Kombination diverser Substanzen eine Steigerung der psychotropen Wirkung erzielt.

Hintergründe des Drogenkonsums in der Adoleszenz

Der Einfluss der Gleichaltrigengruppe hat sich als wichtigster Faktor für die Ausprobierer herausgestellt. Partys sind der Ort, an dem am häufigsten illegale Drogen konsumiert werden, gefolgt von Diskotheken und Schulen. Jugendliche, die benachteiligt sind, haben einen höheren Drogengebrauch: Es bestehen positive Korrelationen zwischen vorausgehenden Verhaltensstörungen im Kindesalter und späterem Drogengebrauch. Insbesondere ist dies bekannt von Legasthenikern und Patienten mit hyperkinetischem Syndrom, vor allem wenn sie nicht erkannt oder ausreichend behandelt werden.

Zu den wichtigsten Motiven, Hintergründen und Zielen des Drogenkonsums bei Jugendlichen zählen ein Neugierverhalten (»Up-to-date-Sein«, »Ich weiß Bescheid«), eine Selbstbelohnung (»Weil es angenehm ist, berauscht zu sein«), ein Bedürfnis nach Anerkennung in der Gruppe oder ein sich aufbauender Gruppendruck (»Weil meine Freunde trinken oder kiffen«). Auch eine fehlende Nestwärme oder Gefühlskälte der Erwachsenen wird immer wieder angeführt (Suche nach Heimat, Geborgenheit und Liebe in der konsumierenden Peer-Group, die Eltern-Ersatzfunktion einnimmt). Die oben angeführte Selbstbelohnung kann auch neurobiologisch erklärt, d.h. eine substanzabhängige Sucht kann als ein Modell des Belohnungssystems im Gehirn beschrieben werden: Danach entsteht die Drogensucht dadurch, dass die Drogen in der Lage sind, das »Belohnungssystem des Gehirns« – ein

Neugierverhalten, Anerkennung in der Gruppe und Gruppendruck, Selbstbelohnung und fehlende Geborgenheit.

neuronales Netz, das für die subjektive Erfahrung von Wohlbefinden und Lust verantwortlich ist – direkt zu aktivieren. Unter psychosozialen Aspekten kann der Suchtstoffabusus bei Adoleszenten aufgefasst werden als

- Statuszeichen des Erwachsenseins,
- Konformitätserklärung an die »Clique«,
- Ersatzhandlung oder versuchte Abgrenzung von der älteren Generation,
- Ausdruck einer auffälligen Persönlichkeitsstruktur,
- Zeichen fehlender schicht- und altersspezifischer Ressourcen oder
- im Sinne eines Stress-Coping-Modells, d.h., als untauglicher chronifizierter Bewältigungsversuch, mit dem Ziel, Angst, Depression und Frustration zu vermeiden (Klosinski 1996b).

Gerade im letzteren Falle kann Drogenkonsum auch als Selbstmedikation bei psychiatrisch relevanten Erkrankungen (insbesondere Depression) vorkommen.

Abhängigkeit von Jugendlichen kann auch als Kompromiss bzw. Scheitern von Entwicklungsaufgaben aufgefasst werden: Eine der wichtigsten Entwicklungsaufgaben in der Reifezeit ist das Bemühen um Autonomie bei gleichzeitigem sehnsüchtigem Wunsch nach Nähe (zu einem Gleichaltrigen). Um der Abhängigkeit von einem äußeren realen Objekt zu entgehen, wird vom abhängigen Jugendlichen ein avitaler Suchtstoff eingesetzt: Statt einer Beziehung zwischen Menschen baut sich dann eine Beziehung zwischen dem Süchtigen und seinem Suchtstoff auf.

Bei Adoleszenten kommt hinzu, dass ihr Neugierverhalten, ihr Wunsch, Hochgefühle zu erleben, »peak experiences« zu haben, die Sehnsucht nach Drogenrausch mit mystisch-religiösen Erfahrungen und Bewusstseinserweiterungserlebnissen fördert. Das »Himmelhoch-jauchzend-zu-Tode-betrübt-Sein« wird dann durch den Drogenrausch als Hinaufsteigen und beim Nachlassen der Wirkung als Hinunterfallen erlebt. Diesen inneren Sehnsüchten des süchtigen Jugendlichen stehen gesellschaftliche Kräfte, beispielsweise in Form der Werbung und der Massenmedien, gegenüber, bei denen das Modell-Lernen und die soziale Ansteckung bedeutende Mechanismen in der Peer-Group sind. Die Ansteckung vollzieht sich durch den sozialen Kontakt und die Initiation von Neulingen durch bereits erfahrene Drogengebraucher. Es wird dann der Drogenkonsum zu einer Art Initiationsäquivalent.

Drogengebrauch: die Bedeutung von Werbung, Medien und sozialer Ansteckung.

Bei Substanzmissbrauch von Jugendlichen sollten Maßnahmen der Jugendhilfe, der Drogenhilfe sowie der Kinder- und Jugendpsychiatrie ineinander greifen. Die Rehabilitationsbehandlung (Entwöhnungsbehandlung) schließt möglichst eng an die Entzugsbehandlung an. Wichtigstes therapeutisches Ziel ist die Festigung des Abstinenzwunsches. Eingesetzt wird ein breites Spektrum von psycho- und soziotherapeutischen Verfahren, ohne dass dabei eine bestimmte Therapieform ihre Überlegenheit nachweisen konnte. Über Angehörigengruppen und Wochenendbeurlaubungen wird der Kontakt zur Außenwelt im Verlauf der Behandlung aktiviert.

Wie kann der Abhängigkeit vorgebeugt werden?

Da es keine monokausalen, ätiologischen Faktoren bei der Entwicklung von Suchtverhalten im Jugendalter gibt, lassen sich auch keine Allheilmittel für die Prävention ausmachen. Trotzdem minimiert jede produktive Form der Problembewältigung den jugendlichen Drogenmissbrauch. Dabei sind jene emotionalen, zwischenmenschlichen, praktischen und ökonomischen Ressourcen von Relevanz, die den Jugendlichen in belastenden Situationen unterstützen. Alle Maßnahmen, die sein persönliches Wohlbefinden, seine Handlungskompetenz, sein Selbstwertgefühl und seine sozialen Lebensbedingungen verbessern, sind wichtige Bausteine der Drogenprävention. Von Bedeutung ist das elterliche Konsumverhalten selbst. Präventivprogramme müssen vor allem gefährdete Zielgruppen erreichen: chronische Wegläufer, Jugendliche mit schweren Beziehungsstörungen, mit hirnorganischen Beeinträchtigungen, mit schweren Schulproblemen und schwangere oder früh verheiratete Jugendliche, Jugendliche mit suchtstoffabhängigen Eltern und dissoziale und delinquente Jugendliche.

Ekklesiogene Neurosen und Psychosen

Zu dem Begriff »ekklesiogene Neurosen« gibt Thomas (1964) folgende Erklärung: »In kirchlichen, besonders in pietistischen Kreisen ist eine enge, gesetzliche und leibesfeindliche Erziehung weit verbreitet, die besonders in der Frage der Geschlechtlichkeit vom Grundsatz des ›Tabuisierens‹ ausgeht, d.h. vom gleichzeitigen Verschweigen, Verbieten und Bedrohen.« Dies führe dazu, dass die Betreffenden später innerlich eher unfähig und frigide werden, also »ekklesiogen« neurotisch erkranken. In einer neueren Studie (Thomas 1989) in der ärztlichen Lebensmüdenberatung in Berlin fanden sich unter neurotischen Patienten 43 Prozent, die als »ekklesiogen« erkrankt eingestuft wurden.

Dass eine zu strenge, leibesfeindliche Erziehung zu einer krankmachenden Fehleinschätzung der eigenen Körperlichkeit, insbesondere der Sexualität gegenüber führen kann, werden manche Kinder- und Jugendpsychiater/-psychotherapeuten aus der Praxis bestätigen können. Die Frage ist, wie häufig so etwas vorkommt, ob es sich um ein Relikt aus einer Zeit handelt, in der die sexuelle Aufklärung der Jugendlichen durch die Eltern oder durch die Schule noch ein Problem war, und ob mit dem Sexualkundeunterricht in der Schule und der relativen »Liberalisierung« der Sexualität in den vergangenen Jahrzehnten diese Neuroseform nicht weitgehend verschwunden ist. In Kapitel 4.3. wurde darauf hingewiesen, dass vereinzelte Pubertierende und Präpubertierende durch blasphemische Äußerungen gegen einen übermächtigen strengen Vater rebellieren. Nur selten sind Jugendliche mit religiösen Problemen in der Lage, in Form solcher blasphemischer Verbalinjurien indirekt gegen ihre Eltern zu rebellieren. Viel häufiger scheint sich hingegen ein puberaler Ablösungs- und Trennungskonflikt von den Eltern hinter psychotischen, zwanghaften und anorektischen Symptomen zu manifestieren, insbesondere bei jenen Jugendlichen, die aus streng moralisierenden, christlichen Sekten stammen.

Diese Jugendlichen sind nicht in die Sekte konvertiert, sondern in ihr aufgewachsen und ihre psychische Auffälligkeit bzw. Erkrankung ist mit hervorgerufen durch eine erschwerte oder misslungene Absetzbewegung von den Eltern. Diese Jugendlichen, die aus kleinen religiösen Randgruppen stammen, die in ihrer »Marginalität« ein sehr enges Zusammengehörigkeitsgefühl, eine enge Kohäsion aufweisen, müssen sich in der Phase der Ablösung nicht nur gegen die Autorität der Eltern auflehnen, sondern fühlen sich in dieser Auseinandersetzung häufig »gezwungen«, gegen den religiösen Hintergrund der Eltern anzukämpfen und diesen in Frage zu stellen. Nicht wenige der betroffenen Jugendlichen fallen damit aber in ein »Loch« und haben es im Vergleich z.B. zu evangelischen oder katholischen Jugendlichen schwerer mit der Selbstfindung, da ihnen vonseiten der Eltern und vonseiten der Sekte viel weniger erlaubt wird, den bisherigen gemeinsamen religiösen, familiären Bezug in Frage zu stellen. Die großen Konfessionen (katholische und evangelische/reformierte Kirche) erscheinen diesbezüglich toleranter, da sie in den letzten Jahrzehnten eine starke Zunahme kirchlicher Austritte haben hinnehmen müssen. Außerdem gibt es in der katholischen und evangelischen Kirche zahlenmäßig wenige aktive Mitglieder, dagegen viele passive »Karteileichen«, d.h. offizielle Mitglieder der Kirche, die jedoch nicht praktizieren und damit den Jugendlichen signalisieren, dass das religiöse Eingebundensein in Form von aktiver Teilnahme am religiösen Leben für die Erwachsenen eher eine Ausnahme ist. Bei den religiösen Sekten hingegen ist die aktive Teilnahme viel höher und ein passives Mitläufertum die Ausnahme. Dies bedeutet aber, dass sich Eltern aus religiösen Sekten, wenn ihre pubertierenden Kinder den gemeinsamen religiösen Konsens aufkündigen, bedroht und verraten fühlen und es dadurch den Jugendlichen reaktiv viel schwerer machen, »religiös eigenständig« zu werden.

Sich abzulösen ist besonders schwer für Jugendliche, die aus kleinen religiösen Randgruppen stammen.

Wie bereits dargelegt, kommt es mit den Entwicklungsaufgaben der Adoleszenz dazu, religiöse Werte zu hinterfragen und neu zu definieren, zu religiösem Zweifel und Kampf. Charlotte Buehler (1967) hat aufgrund ihrer Jugendtagebücher-Untersuchungen feststellen können, dass 75 Prozent der Jugendlichen von damals im 16. und 17. Lebensjahr religiöse Kämpfe ausfechten. Diese Kämpfe waren gekennzeichnet durch die Sehnsucht nach Gott einerseits und durch einen trotzigen Kraftglauben andererseits, auch ohne Gott auszukommen.

Wenn nun aber eine erlebnisintensive Form religiösen Glaubens dem Bedürfnis des Jugendlichen nach intensivem Empfinden eigentlich nahe kommt, wird ein Ablösungs- und Trennungsversuch von den Eltern (und von den verinnerlichten Eltern-Bildern) den eigenen religiösen, innerseelischen Konflikt eher noch vergrößern. Und weil die mitgliedermäßig kleinen Sekten ein besonderes Gemeinschaftsgefühl, ein »Diaspora-Gefühl« entwickeln, in Abgrenzung zu den zahlenmäßig übermächtigen, »neutralisierten« Religionsformen (d.h. in Abgrenzung zu den großen christlichen Konfessionen), sind Abkehrbewegungen für die Jugendlichen aus christlichen Sekten nicht »normative Krisen«, sondern kommen einem Verrat und einer Attacke auf die Großgruppengemeinschaft gleich. Dies halten viele Jugendliche so nicht aus, weichen aus in die psychische Erkrankung, meistens in Zwangs- und/oder Angsterkrankungen, sowie in Essstörungen und Psychosen.

Anhand einer eigenen Untersuchung (Klosinski 1990a) konnte bei stationär behandelten Jugendlichen in der Kinder- und Jugendpsychiatrie Bern Folgendes nachgewiesen werden: Unter den an Zwangsneurosen, Magersucht oder Psychosen erkrankten Jugendlichen war der Anteil derjenigen Patienten, die aus streng moralisierenden christlichen Sekten kamen, siebenmal so hoch, als es eigentlich aufgrund der statistischen Angaben im Kanton Bern zu erwarten gewesen wäre. Die Durchsicht der Krankengeschichten ergab eine durchwegs erschwerte Ablösungsproblematik bei den Betroffenen.

Dies soll an einer Kasuistik verdeutlicht werden:

Die bei der Aufnahme 13-jährige psychotische Sabrina stammte aus einer Familie, in der der Vater sowie die Tante mütterlicherseits und der Großvater mütterlicherseits aktive Mitglieder einer Ur-Christengemeinde waren. Die Mutter der Patientin war aus dieser religiösen Gemeinschaft ausgetreten. Sabrina hatte noch einen siebenjährigen Bruder. Wenige Wochen vor dem ersten psychotischen Schub fiel das Mädchen in der Schule durch ihre Nervosität, innere Unruhe und ihre Angst auf. Nach dem Besuch einer Jugendberatungsstelle wurden ihre Schulleistungen wieder kurzfristig besser, sie stabilisierte sich. In der folgenden Weihnachtszeit kam es erneut zu auftretenden Verhaltensstörungen in der Schule. Der Großvater (mütterlicherseits) suchte das Mädchen auf, redete sehr lange mit ihr alleine über religiöse Dinge und gab ihr eine Tonbandkassette mit religiösem Inhalt. Unmittelbar danach erfolgt der Einbruch der Psychose mit Konfabulationen (auf Erinnerungstäuschung beruhende Berichte über vermeintlich erlebte Vorgänge) und Halluzinationen: Das Mädchen gab an, es könne durch alle hindurchschauen, sammelte Abfall und gab vor, es müsse dies tun, da der Abfall vom Himmel komme (Sterntaler-Legende?). Sabrina erzählte ständig von Gut und Böse, von Hell und Dunkel, von Gott und dem Teufel. Der Vater versuchte in einem dreistündigen Gespräch, an die Tochter »heranzukommen«, ohne Erfolg. Sabrina füllte die Badewanne am zweiten Weihnachtsfeiertag mit heißem Wasser, seifte sich neben dem Bad stehend ein und wollte hineinsteigen. Daraufhin erfolgte die Einweisung in die Klinik.

In den Familiengesprächen wurde deutlich, dass der Vater in der Familie eine dominierende Position einnahm. Er übernahm auch die ganze Versorgung, war kompetent in allen Bereichen, so auch im Kochen, Zusammenstellen von Menüs etc. Er spielte in seiner Freizeit Gitarre in einer Band. Sabrina, so wurde uns berichtet, hatte kurz vor Ausbruch der Psychose auch ständig aus dem Fenster geschaut, während sie Gitarrenmusik hörte und zu dieser Musik tanzte. Auch in der Klinik war harte Beatmusik für sie »lebenswichtig«, wie sie sich äußerte. Der Vater war über die Tochter bestens informiert, wusste genauestens über ihre Periode Bescheid und wirkte sehr »verfolgend«.

Nachdem sich die Mutter im religiösen Bereich vom Vater gleichsam losgesagt, getrennt hatte, war das Mädchen – noch im selben Glauben mit dem Vater verbunden – in einen ödipalen Konflikt hineingestoßen worden. Eigentlich hätte sie sich aufgrund ihrer Entwicklung mit der Mutter identifizieren müssen, stattdessen fand jedoch das sehr ausgedehnte dreistündige Gespräch mit einem rigiden Großvater statt, der eine überaus moralisierende und sehr strenge, restriktive Erziehungsauffassung vertrat. Sabrina fühlte sich zunehmend »religiös-schuldig«, sozusagen als »Abfall«, und glitt in die Psychose ab.

Es muss in solchen Fällen das Bemühen von Erziehern und Therapeuten sein, den religiösen Konflikt zu entschärfen und, wenn immer möglich, darauf hinzuwirken, dass die betreffenden Jugendlichen eine »Absolution« vonseiten der religiösen Gruppierung erfahren. Dies ist aber nur in manchen Fällen möglich. In der Behandlung von Patienten und Familien aus christlich religiösen Gruppierungen wird es immer wieder darauf ankommen, dass die Mitglieder des therapeutischen Teams der religiösen Dimension auch in ihrem eigenen Leben eine wichtige Funktion beimessen, ohne in dogmatischem Denken zu erstarren und vorschnell über religiös anders Denkende negativ zu urteilen.

Hilfestellung und präventive Aspekte

»Nicht der ist arm,
der sich keinen Jugendtraum erfüllt hat,
sondern der schon in der Jugend nichts träumte.«
ADOLF NOWACZYNSKI

Sind Menschen- und Vorbilder für Adoleszente überholt?

Diese Frage mag erstaunen oder gar entsetzen, vielleicht rhetorisch anmuten; sie weist auf ein Dilemma hin, das den Umgang der älteren mit der jüngeren Generation seit Urzeiten begleitet: Glaubensbekenntnisse, Tugenden und Werte der Eltern werden von Jugendlichen einerseits in Frage gestellt, entwertet oder gar lächerlich gemacht, andererseits erscheinen Jugendliche und Heranwachsende begierig nach Idolen Ausschau zu halten, unterwerfen sich scheinbar bedingungslos alternativen Weltentwürfen, denen sie nachhängen, von denen sie fasziniert sind, um in wenigen Jahrzehnten zu erleben, dass ihnen das gleiche Schicksal widerfährt wie ihren Eltern: Auch ihre Söhne und Töchter werden zu Bilderstürmern, lassen sich mitreißen von einer permanenten lebensphasisch gebundenen Kulturrevolution, die sich nicht in China, sondern in den Köpfen und Herzen der Mehrzahl der Pubertierenden und Adoleszenten abspielt.

In Kapitel 3.1. über das Verhältnis zwischen Jugend- und Gesellschaftskrise wurde versucht darzulegen, wie stark die Wandlungsprozesse der Jugendlichen in der Adoleszenz mit abhängig sind von gesellschaftlichen Veränderungen. Die zentralen Protagonisten sind jedoch die realen leiblichen Eltern, die Ersatz-Eltern und insbesondere die verinnerlichten Eltern-Bilder, die die Jugendlichen umtreiben, an denen sie sich einerseits orientieren, andererseits stoßen und reiben. Willi (1987) hat darauf hingewiesen, dass die Ablösungsphase ein koevolutiver Prozess von Jugendlichen und ihren Eltern darstellt. Reifung und Ablösung sind demzufolge nicht nur eine Entwicklungsphase der Jugendlichen, sie fallen vielmehr zusammen mit einer komplementären Entwicklungsphase ihrer Eltern. Für die Eltern bedeutet der Ablösungsprozess ihrer Kinder oft ebenfalls eine Phase der Desorientierung und Neuorientierung. Deshalb müssen Eltern und Kinder in ihrer zirkulären Bezogenheit gesehen werden. Familienmitglieder haben das Bewusstsein einer gemeinsamen Geschichte und leiten die Zielsetzungen des eigenen Lebens aus dieser Geschichte her. Katastrophal kann sich dies auswirken, wenn in Scheidungsfamilien die Beziehung zu einer elterlichen Seite völlig einfriert.

In einer Studie des Allensbacher Instituts für Demoskopie (Köcher 1987) zeigten die Bundesdeutschen Ende der 80er-Jahre im Vergleich zu zehn anderen europäischen Ländern und zu den USA eine ungewöhnlich große Distanz zwischen den Generationen. Sie stimmten in wichtigen Lebensanschauungen, wie religiösen Fragen und moralischen und politischen Überzeugungen, weit weniger überein. Es zeigten sich viele Widersprüche, welche auf eine Orientierungskrise verwiesen: So wurden auf der einen Seite gesellschaftliche Normen, welche die individuelle Autonomie einschränken, radikal attackiert, gleichzeitig aber bestand der Wunsch unvermindert fort, in einer Gruppe Geborgenheit zu finden. Eine ausgeprägte Familienorientierung stand im Konflikt mit einer ungewöhnlichen Scheu vor Bindung, Verpflichtung und Identifikation. Insbesondere beschrieb jeder dritte Deutsche sein Verhältnis zum Vater als äußerst distanziert, was zur These passt, dass der Nationalsozialismus vor allem die männliche Domäne diskreditiert hat. In keinem anderen der untersuchten europäischen Länder sah ein so hoher Anteil der befragten Jugendlichen ihre Eltern als einander Fremde, eher nebeneinander als miteinander lebende Partner. Offenbar hängt das mit der Tatsache zusammen, dass keine andere europäische Nation in den letzten 100 Jahren mehrfach derart radikal mit der eigenen Vergangenheit hatte brechen müssen. Der Ort, wo die Verarbeitung dieser Brüche in den Werten, Normen und Zielsetzungen stattfindet, sind vor allem die Familien. Die Studie stellte fest: Je schwächer die Bindung an die eigenen Eltern, desto geringer die Zufriedenheit mit dem eigenen Leben insgesamt, desto geringer das Zukunftsvertrauen und desto größer die Zukunftsangst. Auch diese Befunde stehen im Einklang mit einem von Außenstehenden immer mit einem gewissen Befremden festgestellten Zukunftspessimismus der Bundesdeutschen und deren hochgradiger Ansprechbarkeit für alle Formen von Vorkommnissen, welche den bevorstehenden »Weltuntergang« ankündigen. Väter werden eher als Träger von Weltanschauungen angesehen als Mütter. Die Beziehung zu ihnen ist stärker ideologischen Spannungen ausgesetzt. In keinem anderen Land begegnet Autorität einem so prinzipiellen, sich über alle Lebensbereiche erstreckenden Misstrauen: Während andere Länder Autorität selektiv in einzelnen Lebensbereichen akzeptieren, ist Misstrauen gegenüber jeglichen Autoritäten nur in der Bundesrepublik als durchgängiges Muster festzustellen. Eigenartigerweise beruht die Distanz zu Autorität nicht etwa auf einem autoritären Erziehungsstil der Eltern heutiger erwachsener Bundesbürger, im Gegenteil: In keinem anderen Land wurde die Erziehung der Eltern als so mild empfunden wie in der BRD. Personen, die generell Autoritäten distanziert gegenüberstehen, zeigen auch Distanz zu den gesellschaftlichen Institutionen, zu Kirche, Erziehungswesen, Bundeswehr, Polizei und Verwaltung. Willi (1987) folgert, dass ohne Identifikation mit der eigenen Geschichte keine Familie und kein Volk in konstruktiver Art die Probleme der Gegenwart und Zukunft bewältigen kann.

Ein mangelndes Eingebundensein in Familie und geschichtliche Vergangenheit vermehrt Zukunftsängste.

Was zählt und stellt ein Fundament dar für unsere Adoleszenten, was gilt? Dies ist nicht nur eine Frage von rebellierenden Jugendlichen, die angesichts der moralischen Hilflosigkeit und Doppelbödigkeit der Erwachsenengeneration, der verbreiteten Beliebigkeit und des genüsslichen Zynismus, angesichts des Fehlens überzeugender Autoritäten und des Misslingens menschlicher Kommunikation verwirrt zu sein scheinen. Werden in einer Zeit, in der alles möglich scheint und die Maßstäbe des Zuträglichen und Verträglichen von den Sachzwängen eines Fortschritts unter dem Motto schneller-höher-weiter-mehr diktiert sind, Begriffe wie Mäßigung, Selbstbegrenzung, Geduld, Sanftmut, Zivilcourage, Rücksichtnahme, Toleranz, Barmherzigkeit, Tatkraft und Demut, wieder wichtig? Die Antwort lautet ja – diese aufgezählten »Tugenden« müssen aber von den Adoleszenten für sich selbst neu entdeckt werden, sodass sie nichts »Nachgebetetes«, sondern persönlich Erfahrenes und für sie Wichtiges bedeuten. Angesichts der moralischen Hilflosigkeit und Doppelbödigkeit der Erwachsenengeneration und einer verbreiteten Beliebigkeit der »Postmoderne« machen wir es aber unseren Jugendlichen schwer. Die Gefahr besteht, dass sich manche unserer rebellischen Jugendlichen ganz der Ideologie der Postmoderne verschreiben in dem Glauben, die »Postmoderne« seien jene, die es geblickt haben, dass keiner mehr so richtig durchblickt: Jene, die sich nicht mehr verunsichern lassen von der eigenen Unsicherheit, jene, die aus der Not der Ratlosigkeit die Tugend überlegener Gelassenheit gewinnen (Guggenberger 1991).

Nicht zu übersehen ist, dass der Psychoboom der letzten Jahrzehnte zu einer Inflation von unterschiedlichen Menschenbildern geführt hat, die sich aber bei genauerem Hinsehen in die Kategorien mechanistisches, psychoanalytisches, kognitionspsychologisches, systemtheoretisches, verhaltenswissenschaftliches und psychosomatisches Menschenbild einbauen lassen. Die naturwissenschaftliche Medizin des 19. Jahrhunderts sah den Menschen als eine bis ins kleinste zerlegbare Maschine an. Dieses Modell bedarf aus heutiger Sicht der Relativierung: Die Quantenphysik hat aufgezeigt, dass eine Zerlegung eines Zustandes in Teilzustände streng genommen nicht möglich ist. Eine mechanistische und statische Betrachtungsweise ist für eine Großzahl unserer heutigen Probleme völlig ungeeignet.

Unterschiedliche Menschenbilder und ihre entsprechenden Bezugsrahmen.

Freud hat mit der Konzeptualisierung des Unbewussten ein psychoanalytisches Menschenbild geschaffen, das auf vielen Konstrukten und metapsychologischen Überlegungen aufgebaut ist und heute so nicht mehr trägt. Gleichwohl hat seine Einführung des Unbewussten als jenes Teils jeder Persönlichkeit, der dem Individuum nicht ohne weiteres zur bewussten Verfügung steht, alle weiteren psychologischen Schulen und damit auch deren Menschenbilder geprägt.

Dem Entwicklungspsychologen Piaget verdanken wir die Vorstellung, dass es beim Kind zu einem stufenweisen Ablauf der Weltbildentwicklung kommt, da sich das Kind sein Bild vom Menschen und von sich selbst durch Aneignung im Spiel gleichsam erschafft. Diese psychologisch-kognitive »Verdauung« ist nur möglich durch eine ausreichende Stimulierung der Sinnesorgane in einem affektiv angenehmen Rahmen. Ciompi (1991) hat mit seinem Konstrukt der »Affektlogik« ein neues psycho-sozio-biologisches, integratives Funktionsmodell der Psyche entworfen: Psyche wird als komplex-hierarchisiertes Gefüge von integrativen, affektkognitiven Bezugssystemen (bzw. »Fühl-, Denk- und Verhaltensprogrammen«) aufgefasst, die aufgrund von Bahnungsvorgängen als Niederschlag von konkreten Aktionen entstehen, in ihrer Struktur das vergangene Erleben speichern und zugleich die funktionelle Grundlage aller Wahrnehmung und Kommunikation bilden. Affekte (Gefühle, Emotionen, Stimmungen) spielen dabei als »Motoren«, »Schalter« und Integratoren von kognitiven Leistungen eine zentrale Rolle.

Das Menschenbild der Verhaltenswissenschaften wurde bestimmt durch die Sichtweise, dass der Mensch sich mittels genetischer und dem Austausch mit der Umwelt erworbener Programme an diese Umwelt anpasst und andererseits die Umwelt nach seinen Bedürfnissen gestaltet. Erweitert wurde diese Sichtweise der Verhaltenswissenschaftler durch die Entwicklung einer Systemwissenschaft mit dem Versuch, die Kluft zwischen Geistes- und Naturwissenschaften zu überbrücken und die Trennung von Körper und Geist, von Soma und Psyche, mit einem umfassenden, die Grenzen einzelner wissenschaftlicher Disziplinen übergreifenden Konzept aufzuheben. So haben Maturana und Varela (1987) den Begriff der Autopoiese geprägt, d.h. sie erkannten als Charakteristikum aller lebenden Wesen, dass sie autopoietische, sich selbst erhaltende Systeme sind, die als energetisch offen, jedoch als operational geschlossen angesehen werden müssen. Sie stehen in ständigem Austausch mit ihrer Umgebung. Ihre Aktionen werden aber durch ihre eigene Struktur festgelegt, auch wenn sie als plastische Systeme ihre Struktur unter dem Einfluss der Umgebung ständig ändern. Als wichtigstes Kriterium lebender Systeme wurde das Prinzip der Selbstreferenz erkannt, das bedeutet, dass die Verhaltensweisen eines lebenden Systems immer wieder auf diese Systeme selbst zurückwirken. Damit wurde eine so genannte zirkuläre Kausalität beschrieben und »entdeckt«, in der die Wirkung sich ihre eigene Ursache schafft und umgekehrt. Diese Denkweise, die sich die systemische Familientherapie zu Eigen gemacht hat, hat das Weltbild der Kinder- und Jugendpsychiatrie besonders stark befruchtet und u.a. dazu geführt, dass im Kampf der Generationen sehr viel vorsichtiger mit Schuldzuweisungen umgegangen wird.

In einer markt- und konsumorientierten Gesellschaft, wo mehr das »Haben« als das »Sein« zählt, bedarf es besonderer Anstrengung, um die Verantwortlichkeit des Menschen sich selbst und seiner Mit- und Umwelt gegenüber zu stärken. Wenn schon die traditionellen Konfessionen bei den Jugendlichen kaum mehr Anklang finden, bedarf es eines neuen ethischen Bewusstseins bzw. der Erinnerung an alte kategorische Imperative, die dringender und moderner denn je sind: Ehrfurcht vor dem Leben (Albert Schweitzer), Heiligkeit des Lebens (Hans Jonas) und Frieden mit der Natur (Meyer-Abich) (vgl. Höffe 1993). Der Hang, mehr und immer mehr haben zu wollen, muss eingedämmt werden, muss einmünden in eine »Kunst des Unterlassens« (Höffe 1993). Es muss eine Einstellung entstehen, auszuwählen, sinnvolle und notwendige Schwerpunkte zu setzen, wegzulassen und sich zu bescheiden. Angesichts der Kulmination globaler Problembereiche, die die Menschheit bedrohen, und angesichts einer Entzauberung der modernen Fortschrittsideologien bedarf es eines ökumenischen Grundkonsenses für das Humane, wie es Hans Küng in der Notwendigkeit eines Welt-Ethos (Küng 1990) formuliert hat: »Kein menschliches Zusammenleben ohne ein Welt-Ethos der Nationen; kein Frieden unter den Nationen ohne Frieden unter den Religionen; kein Frieden unter den Religionen ohne Dialog unter den Religionen.«

Die Notwendigkeit zur Herausbildung zwischenmenschlicher Verantwortlichkeit.

Aus kinder- und jugendpsychiatrischer Sicht erscheint es notwendig, dass wir unsere Kinder zu einer »gekonnten Aggression« hin erziehen, zu einem Menschenbild, das – »idealtypisch« – einerseits sowohl Zivilcourage, Selbstbehauptung und konstruktive Kritikfähigkeit zulässt als auch andererseits Mitgefühl, Solidarität und teilnehmende Gemeinsamkeit mit anderen. Es wäre ein Menschenbild mit all jenen Eigenschaften, die in der Lage sind, die notwendige Veränderung, das notwendige Umdenken zu vollziehen und die Begrenzung egoistisch-hedonistischer Einstellung zu überwinden.

Protektive Faktoren und präventive Maßnahmen für eine günstige pubertäre und adoleszente Entwicklung

Zugegebenermaßen stark verkürzt geht es in Annäherung um die Förderung einer Entwicklung hin zu einem oben geschilderten »gesunden« Adoleszenten um die zentrale Frage, wie man beziehungsfähig wird und Empathiefähigkeit erwirbt, wie man eine gekonnte, gutartige Aggression und Selbstbehauptung aufbauen kann und wie man mit dem eigenen Schuldigwerden und dem der anderen umgeht? Es geht um die zentralen Punkte für ein gedeihliches Miteinander und letztlich um die Frage, wie es zum Aufbau zwischenmenschlicher Verantwortlichkeit und zum Abbau von entwicklungshemmenden Abhängigkeiten kommen kann.

In diesem Zusammenhang sollen wichtige Anmerkungen zum Bindungsaufbau und zur Entwicklung eines Selbstkonzeptes erfolgen:

Bindung beruht auf einer geglückten gegenseitigen Beziehung, sie ist ein Merkmal der Interaktion und nicht ein individueller Faktor. Wir wissen heute, dass die psychische Entwicklung des Kindes in Wechselbeziehung zu beiden Elternteilen von Anfang an erfolgt und dass die Paarbeziehung der Eltern entscheidend die psychische Entwicklung mit beeinflusst. Das psychologische Konstrukt Bindung ist gekennzeichnet durch die Präferenz einer Bezugsperson, wobei das Kind zu unterschiedlichen Bezugspersonen unterschiedliche Bindungsarten ausbilden kann. Beim Aufbau eines gesunden Bindungsverhaltens reagiert ein Kind zunächst in der ersten Lebenswoche auf alle Personen seiner Umgebung mit einem universellen Muster. In der Folgezeit unterscheidet das Kind immer deutlicher zwischen vertrauten und weniger vertrauten Personen. Ab dem sechsten bis achten Lebensmonat zeigt dann das Kind ein selektives Bindungsverhalten (Auftreten vom so genannten »Fremdeln«). Etwa um das dritte Lebensjahr herum kann sich das Kind auch in die Rolle der Mutter versetzen: Das Kind wird jetzt empathiefähig und beginnt, einzelne mütterliche Gefühle, Handlungen und Motive zu verstehen. Das Kind befindet sich nun im Stadium des Rollenspiels, wobei aber eine soziale Perspektivenübernahme erst im späteren Alter gelingt. Ein sicher gebundenes Kind zeigt eine ausgewogene Balance zwischen Suche nach Nähe und Explorationsverhalten im Beisein der Bezugsperson. Welche Grundeinstellungen sind es, die zu einer gesunden Entwicklung im Sinne einer sicheren Bindung im Kleinkindesalter führen? Es ist dies mit drei Stichworten zu umschreiben:

- Verstehen lernen,
- Freiraum bieten und
- liebevolle Hinwendung und Akzeptierung der Kinder.

Der Aufbau gesunden Bindungsverhaltens und dafür förderliche elterliche Grundeinstellungen.

Dies kommt sehr stark dem nahe, was unter »Glaube, Liebe, Hoffnung« als die wesentlichen drei Dinge in unserem Leben beschrieben wurde. An das Kind glauben heißt, das Kind verstehen, es akzeptieren und unterstützen. Mit Hoffnung dem Kind begegnen heißt, ihm auch den notwendigen und erforderlichen Freiraum gewähren entsprechend seiner Altersstufe und auf seine Entwicklungskräfte bauen. Es sind damit drei Essentials angesprochen, drei zentrale Grundeinstellungen zum Kind, im Sinne eines »humanen Instrumentariums«, das Eltern und Erzieher idealtypischerweise benötigen, um dem Kind eine gute Entwicklung zu ermöglichen.

Sicher gebundene Kinder zeigen später ein adäquates Sozialverhalten in Kindergarten und Schule, mehr Fantasie und positive Affekte beim Spiel, ein höheres Selbstwertgefühl, weniger depressive Symptome und eine längere Aufmerksamkeitsspanne. Sicher gebundene Kinder erscheinen im späteren Lebensalter offener und aufgeschlossener für neue Sozialkontakte mit Gleichaltrigen und Erwachsenen als vermeidend oder ambivalent unsicher gebundene Kinder. Im Sinne von Erikson (1966) würde ein gesunder Säugling im ersten Lebensjahr, könnte er schon sprechen, Folgendes von sich sagen: »Ich bin, was ich an Hoffnung habe, was ich an Hoffnung vonseiten der Eltern erlebe: Es ist die Hoffnung auf eine bedingungslose Annahme, die zu einem Urvertrauen führt.«

Im Kleinkindesalter vom zweiten bis zum fünften Lebensjahr würde ein Kind bezüglich seiner Identität auf dieser Altersstufe formulieren: »Ich bin, soweit ich gewillt und fähig bin, ich selbst zu sein, ich bin so viel, wie ich Gefühl an Initiative verspüre.« Es wären dies die Hoffnung auf das Zugeständnis eines eigenen Willens, einer gewissen Autonomie und das Zugeständnis an eigener Initiative, die sich entwickeln darf.

Ein Schulkind und Pubertierender würde formulieren: »Ich bin dann und insoweit, wie ich mich mit einer Aufgabe identifizieren kann, d.h. ich brauche die Hoffnung der Erwachsenen, dass ich mich einbringen kann, dass ich gebraucht werde.« Die Ermöglichung eines gesunden altersentsprechenden Identitätsgefühls hängt von diesen drei Grundgegebenheiten ab: »Werde ich angenommen, werde ich verstanden und werden meine Autonomiebestrebungen zugelassen?« Wenn dies der Fall ist, entwickelt sich innerhalb eines gesunden

Akzeptanz, Verständnis und erlaubte Autonomie fördert die Herausbildung von Selbstlenkungsfähigkeit.

Selbstkonzeptes so etwas wie eine Selbstlenkungsfähigkeit, also die Fähigkeit eines Individuums, sein Verhalten zu kontrollieren, zu regulieren und situativ anzupassen, sodass es mit den vom Individuum gewählten Zielen und Werten übereinstimmen kann. Selbstlenkungsfähigkeit hat mit Willenskräften und Intentionalität zu tun, wobei hohe Selbstlenkungsfähigkeit mit gutem Selbstvertrauen einhergeht, auch Fehler zuzugestehen und sich so zu akzeptieren, wie man ist.

Die Wichtigkeit emotionaler Kommunikation und Regulation im Kleinkindesalter als Basis für den Aufbau von Bindungs- und Empathiefähigkeit

Affekte stellen für ein Kleinkind das primäre Mittel emotionaler Kommunikation dar, da es noch keine Sprache dafür besitzt, Gedanken, Gefühle und Wünsche auszudrücken. Für eine gesunde innerseelische Entwicklung ist es unerlässlich, dass ein Säugling bzw. Kleinkind wechselseitige Affekte erlebt, welche die folgenden Erfahrungen einschließen: Spiegelung des Affektes ihm gegenüber, Affektangleichung und emotionale Verfügbarkeit. Für eine gesunde psychische Entwicklung ist die Erfahrung von bedeutsamer Wechselseitigkeit entscheidend wichtig. Nur so kann ein Säugling fein nuanciert und gut modulierte Affekte entwickeln. Eine gute Eltern-Kind-Beziehung ist fundamental abhängig von einer Vorhersagbarkeit und Verlässlichkeit. Ist diese gegeben, entwickeln sich verinnerlichte Elternbilder. Die Säuglingsforschung hat ergeben, dass das Teilen von Emotionen, wir können auch sagen, die früheste Form von empathischem »Urerleben«, für die affektive Entwicklung von erheblicher Bedeutung ist, denn über das Teilen von Emotionen wird dem Säugling zum Ausdruck gebracht, dass ein Gefühlszustand verstanden worden ist. Kann der entsprechende Elternteil die Affektzustände des Säuglings nicht teilen, lässt sich in der Beziehung ein Mangel an Wechselseitigkeit beobachten, wie er sich gehäuft bei Müttern und Kindern mit einem erhöhten psychosozialen Risiko findet.

Eine andere wichtige Form von Wechselseitigkeit ist die emotionale Verfügbarkeit. Hier ist die Erreichbarkeit der Eltern gemeint und ihre Fähigkeit, die emotionalen Zustände des Säuglings zu erkennen und seine emotionalen Bedürfnisse zu befriedigen. Lässt die emotionale Verfügbarkeit der primären Bezugspersonen zu wünschen übrig, kommt es zu Fehlentwicklungen: Der Säugling lernt dann, dass er nur wenig Einfluss oder Kontrolle über seine Erfahrungen hat.

Zum Auf- und Abbau zwischenmenschlicher Verantwortlichkeit und Abhängigkeit bedarf es in der Erziehung einer spezifischen Balance zwischen Erfüllung, Versagung und Aufschub. Dabei dient der Wirklichkeitssinn der Mutter und/oder des Vaters dem noch hilflosen Kleinkind als Richtschnur, solange es die Realitätsprüfung selbst noch nicht vornehmen kann, also solange das Kind zwischen Fantasie und Wirklichkeiten zu unterscheiden nicht in der Lage ist. Werden die Eltern ihrer Aufgabe als »Hilfs-Ich« nicht gerecht, erlebt das Kind die schlimmste Form von Angst: die Angst vor dem Verlust der eigenen Identität und Integrität.

Verantwortungsgefühl kann sich nur entwickeln, wenn notwendige Bindungen und Abhängigkeiten, die auf einer früheren Altersstufe sinnvoll und lebenswichtig waren, in einer späteren Lebensphase zu einer Lockerung und Lösung führen. In der Pubertät wird dies nochmals in seiner Problematik verdichtet, indem personale Bindungen, Bindungen an den Körper, Bindungen an die persönliche Lebensgeschichte sowie Bindungen an die verinnerlichten Gebote und Verbote den Pubertierenden zu einer Neuorientierung und Neubesinnung verhelfen, bei

»Wenn die Kinder klein sind, gib ihnen Wurzeln, wenn sie groß sind, gib ihnen Flügel.«

denen eine neue Einbindung in eine tiefere Zweierbeziehung zu Gleichaltrigen erfolgen kann bzw. muss, d.h. eine Einbindung auch in die Erwachsenenwelt (vgl. das Kapitel über die Entwicklungsaufgaben der Adoleszenz).

Erziehung und Begleitung unserer Kinder zu bindungssicheren, empathiefähigen und verantwortungsvollen Menschen hin bedeutet, eine Individuation zu ermöglichen, die einerseits Selbstständigkeit, kritisches Denken und Durchsetzungsvermögen zulässt, fördert und unterstützt, die aber andererseits gleichzeitig das Eingebundensein in Grenzen, in die Gemeinschaft, in die Rückbesinnung auf die Abhängigkeit aller voneinander nicht aus dem Auge lässt. In diesem Zusammenhang ist der behutsame Umgang mit dem Erleben von Schuld besonders wichtig:

Schuld ist das Gewahrwerden einer Verantwortlichkeit, die ich bislang nicht wahrgenommen habe. Sie drückt sich in Gewissensangst aus, Gewissensangst ist demnach Angst vor Schuld. Schuld entsteht durch die Herausbildung der Über-Ich-Instanz, der Gewissensinstanz, die eine Art Erkenntnisorgan für Gutes und Schlechtes ist. Diese Gewissensinstanz funktioniert als Richter, gibt Befehle und droht mit Strafe oder Belohnung. Das Kind in einem frühen Entwicklungsstadium lernt: »Gut bin ich, wenn ich mich so verhalte, dass ich geliebt werde. Schlecht bin ich, schuldig mache ich mich, wenn ich durch mein Verhalten Liebesentzug provoziere.« Wie gehen wir mit eigener Schuld um? Sie wird entweder verdrängt oder abgebaut durch Wiedergutmachung, durch Sühne und Beichte. Diese Wiedergutmachung durch Sühne kann aber auch bis in den Masochismus hineinreichen und Zwangsformen krankhaften Ausmaßes annehmen. Wie gehen wir mit fremder Schuld um? Wir können vergeben oder nach Rache trachten, nach Ausgleich, nach Wiedergutmachung von außen. Kinder lernen eigentlich spielerisch, dass sie trösten, wieder gutmachen, mitleiden und dadurch ihr eigenes Schuldigwerden bewältigen können. Es ist die »fördernde Umwelt«, die verzeihende, vergebende, die Not tut, um mit der Frage der Schuldentwicklung psychologisch sinnvoll umzugehen. Individuelle Schuldwahrnehmung und -anerkennung kann auch zu einer Selbstwertkränkung, zu einer Herabsetzung der Achtung vor sich selbst und vor den Mitmenschen führen, die nur derjenige ertragen und bewältigen kann, der sich von klein auf in dieser Umwelt geborgen fühlt und sich von seinen Mitmenschen angenommen weiß.

Aus entwicklungspsychologischer Sicht ist die Wahrnehmung eines Schuld- und Unrechtbewusstseins erst dann möglich, wenn physiologische und psychologische Grundbedürfnisse dem Menschen nicht vorenthalten wurden. Wenn eine Person aber ihre physiologischen Bedürfnisse (Hunger, ausreichend Schlaf), ihre Sicherheitsbedürfnisse, ihre Besitz- und Liebesbedürfnisse, ihr Statusbedürfnis und ihr Bedürfnis nach Achtung sowie nach Selbstverwirklichung und Eigenentwicklung in sträflicher Weise missachtet sieht, wird sie weder ein eigenes Schuldigsein noch eine Verantwortlichkeit normal entwickeln können, sondern vermehrt eigenes Schuldigwerden auf andere projizieren, andere als Schuldige anklagen, ohne eine Eigenbeteiligung bei sich wahrzunehmen bzw. wahrnehmen zu können.

Gesundes Verantwortungsbewusstsein kann entstehen, wenn menschliche Grundbedürfnisse erfüllt sind.

Dem kindlichen Schuldigwerden durch Übertretung von Geboten und Verboten entspricht im Erwachsenenalter auch das Gewahrwerden von Ungerechtigkeiten in Bezug auf unsere Mitmenschen und unsere Umwelt angesichts einer Ohnmachtssituation, die zur Handlungsunfähigkeit, zu Lähmung führt, also zu einer Unterlassung der notwendigen

Reparationsmaßnahmen. Es entsteht damit eine Art »Schuldigwerden« durch das Wissen um Missstände, die geändert werden müssten, ohne dass sie im Augenblick aber geändert werden können. Unsere Gesellschaft und unser Wissen von den Problemen dieser Erde produzieren damit ständig latente Schuldgefühle. Über die Medien werden wir so zu Mitwissern, zu Mitschuldigen und auch zu Mittätern in Bezug auf eine geschundene Menschheit, Umwelt und Schöpfung. Dies bedeutet für den erwachsenen Menschen eine neuerliche Vertreibung aus dem Paradies, um es symbolisch in einem Bild auszudrücken. Um in dieser Situation nicht zu verzweifeln, bedarf es für unsere Adoleszenten, die ein Mitschuldigwerden entwickeln, der Solidarität durch die ältere Generation, die Verantwortung übernehmen und abgeben muss an die jüngere Generation. Ver-Antworten heißt auch Antwort geben, sich bekennen zu einem stetigen Neubeginn.

In der Erklärung der Rechte des Kindes vom 20. November 1959 vor der Vollversammlung der Vereinten Nationen wurde deutlich gemacht, dass die Kinder des Schutzes bedürfen, wenn in dieser Erklärung festgehalten wird, dass Kinder u.a. das Recht auf Liebe, Verständnis und Fürsorge haben sowie das Recht auf unentgeltlichen Unterricht, auf Spiel und Erholung, das Recht auf Schutz vor Grausamkeit, Vernachlässigung und Ausnutzung sowie das Recht auf Schutz vor Verfolgung und auf eine Erziehung im Geiste weltumspannender Brüderlichkeit und des Friedens.

Halten wir fest: Insbesondere in der Auseinandersetzung mit anderen definiert sich der Mensch, sieht sich im Spiegel der anderen, wird seiner Selbst gewahr und in die Lage versetzt, auch den anderen wahrzunehmen, Mitgefühl zu empfinden. Es sind die Selbst- und die Fremd-Selbst-Beurteilung, die schließlich das Gefühl der Selbstevidenz (also der »Selbstgewissheit«), der Selbstempfindung und des subjektiven Selbst hervorbringen. Diese Selbstdefinition gehört zu den permanenten Aufgaben im gesamten Lebenszyklus: Bereits das Kleinkind imitiert, es ahmt unreflektiert und undifferenziert nach. Es folgen die Rollenübernahmen, das Modellieren des eigenen Verhaltens in stetiger Auseinandersetzung mit dem bereits Bestehenden, d.h. es geht um Identifizierungen, die wir unseren Kindern anbieten müssen. Identifizierung heißt Verinnerlichung, sie erfolgt mit der Familie, mit dem Geschlecht, mit der Generation und mit der Nation, in der man lebt.

Zur Integration unserer Jugendlichen in die Gesellschaft

Welche Probleme bewegen die Jugendlichen selbst?

Das zentrale Ergebnis der 12. Shell-Jugendstudie (Jugendwerk der Deutschen Shell 1997) besagte Folgendes: »Die Krisen im Erwerbsarbeitssektor, Arbeitslosigkeit, Globalisierung, Rationalisierung und Abbau oder Verlagerung von Beschäftigung sind inzwischen nicht mehr ›bloß‹ eine Randbedingung des Aufwachsens. Sie sind nicht mehr ›bloß‹ Belastungen des Erwachsenenlebens, von denen Jugendliche in einem Schonraum entlastet ihr Jugendleben führen können. Sie haben inzwischen viel mehr das Zentrum der Jugendphase erreicht, indem sie ihren Sinn in Frage stellen.«

In dieser repräsentativen Befragung von Jugendlichen wurden in der folgenden Rangfolge die zehn wichtigsten Probleme durch die Jugendlichen formuliert:

1. Arbeitslosigkeit (45,3 Prozent),
2. Drogenprobleme (36,4 Prozent),
3. Probleme mit Personen im Nahbereich (32,1 Prozent),
4. Lehrstellenmangel (27,5 Prozent),
5. Schul- und Ausbildungsprobleme (27,1 Prozent),
6. Zukunftsangst/Perspektivelosigkeit (20,9 Prozent),
7. Gewalt-Banden-Kriminalität (19,8 Prozent),
8. Geldprobleme (18,9 Prozent),
9. Gesundheitsprobleme (18,9 Prozent),
10. mangelnde Freizeitgelegenheiten (16,6 Prozent).

Unterteilt man weiterhin nach Altersstufen, so konnte festgestellt werden, dass die pubertierenden 12- bis 14-Jährigen Schul- und Ausbildungsprobleme mit 43,9 Prozent an erster Stelle nennen, Probleme mit Personen im Nahbereich an zweiter Stelle (41 Prozent). Dies macht deutlich, dass in der Hochpubertät nach wie vor die Auseinandersetzung mit den Eltern und den Lehrern, d.h., die Autoritätsprobleme ganz im Vordergrund stehen.

Die Jugendphase, so scheint es, wird heute nicht mehr ausschließlich allein so erlebt, dass sie ihren Sinn in sich selbst als eigenständige Lebensphase hätte. Vergleicht man Jungen und Mädchen, so bezeichnen häufig mehr Mädchen als Jungen Probleme mit Personen im Nahbereich als hauptsächliches Problem. Etwas mehr weibliche Befragte benennen die Kardinalprobleme Arbeitslosigkeit, Drogen und Lehrstellenmangel, aber auch Zukunftsangst und Perspektivelosigkeit. Dafür spielen für etwas mehr Jungen Geldprobleme und mangelnde Freizeitmöglichkeiten eine Rolle.

Da Sinn immer als Rahmenmotivation verstanden werden muss, erscheint es wichtig, wie Jugendliche für sich Sinn konstruieren. Die Befragung amerikanischer Collegestudenten und -studentinnen über das, was sie augenblicklich als ihr Hauptziel ansehen, erbrachte einen bemerkenswerten Wandel der Antworten über das letzte halbe Jahrhundert hinweg (Myers 2000): Während die Studierenden in den 60er- und 70er-Jahren als Hauptaufgabe ansahen, eine sinnvolle Lebensphilosophie zu entwickeln, dominierte in den 80er- und 90er-Jahren das Ziel, einen gut bezahlten Job zu bekommen und einen möglichst hohen Wohlstand zu erzielen. Oerter (2002) folgerte hieraus: »So kommt es zu der paradoxen Situation, dass in einer Überflussgesellschaft die Konzentration auf materielle Sorgen zur Lebensmitte wird, wo doch gerade diese Gesellschaft die Befreiung von den Sorgen der Lebensfristung erzielen müsste.«

Der Wandel in der Sinnfrage: materielle Absicherung hat Priorität.

13 Thesen, wie Eltern, Erwachsene und gesellschaftliche Institutionen zur besseren Integration unserer Jugendlichen beitragen können

1. Eine Ausgewogenheit der Beziehungsangebote und Beziehungsgleichgewichte auf den unterschiedlichen Entwicklungsstufen der Kindheit und des Jugendalters

In der Dialektik von Beziehungsgleichgewichten (Gleichheit/Verschiedenheit, Befriedigung/Versagung, Nähe/Distanz, Kontinuität und Verlässlichkeit/Flexibilität und neue Aufgabenstellung) wird das Instrument der Aggressionsbewältigung geschmiedet und die Herausbildung von Selbstbewusstsein ermöglicht. Dies geschieht bereits in der frühesten Kindheit, wenn es darum geht, das Kind bedingungslos anzunehmen, es aber nicht zu erdrücken, ihm den nötigen Freiraum zu geben, ihm aber auch Grenzen zu setzen etc. Die Bezugspersonen müssen dem Kleinkind, um die Balance zwischen Stimulierung und Stabilität zu halten, zugleich schützender Schirm und Quelle der Anregung sein.

2. Grundbedürfnisse befriedigen

Die Grundbedürfnisse einer gedeihlichen Entwicklung sind die einer liebenden Akzeptanz und Annahme des Kindes von Anfang an, das Gewähren eines Freiraumes zum Experimentieren und Entfalten der Persönlichkeit. Hinzu kommt, dass die Eltern ein Verständnis für die Besonderheit ihres Kindes auf seiner augenblicklichen Entwicklungsstufe aufbringen müssen. Die Grundbedürfnisse der Jugendlichen sind: physiologische Bedürfnisse, Sicherheitsbedürfnisse, Unabhängigkeitsbedürfnisse, das Bedürfnis nach Zugehörigkeit und Zuneigung sowie das Leistungsbedürfnis und der Wunsch, gebraucht zu werden, zudem das Bedürfnis nach Selbstverwirklichung und Ich-Entwicklung. Diese Bedürfnisse müssen unterstützt werden, ohne dass es zu einer übertriebenen egoistischen Selbstbezogenheit kommt.

3. Strukturelle Gewalt minimieren

Dass auch eine strukturelle Gewalt als negative Einflussgröße die Problemlage der Jugendlichen verschärft, hat bereits die Shell-Studie 1985 zeigen können: Die Jugendlichen klagten damals über Einsamkeit, Reizüberflutung, Langeweile sowie Unfähigkeit, die Freizeit selbstständig zu gestalten.

4. Ehrlichere Schullaufbahnberatung, Vermeidung von schulischer Über- und Unterforderung

Bis zu 90 Prozent der Eltern erwarten von ihren Kindern einen Real- oder Gymasialabschluss: Hier wird nicht wenigen Kindern Gewalt angetan, da sie dieses Ziel nicht erreichen können (unsere Hauptschulen sind nicht mehr Regelschulen, sondern inzwischen zu Sonderschulen degradiert, in denen die »Looser« unserer Jugendlichen versammelt sind mit in der Regel über 50 Prozent Anteil von jugendlichen Ausländerkindern).

5. Vorbildfunktion der Erwachsenen, Erlernen von Konfliktlösungsstrategien

Um ein positives Selbstwertgefühl und ein kooperatives Verhalten im Umgang mit der sozialen Umwelt zu erreichen, um Selbstverantwortlichkeit und intellektuelle Leistungsbereitschaft zu entwickeln, benötigt ein Kind kontinuierliche Unterstützung und Wärme, verantwortungsbewusste Anteilnahme, altersadäquate Aufsicht und Rückmeldung mit eindeutiger Belohnung und Disziplinierung, einfühlend-erklärendes Erziehungsverhalten und gleichzeitige Gewährung eines sich schrittweise erweiternden Handlungsspielraumes. Diese Erziehungsverhaltensweisen können nur dann gesichert werden, wenn Eltern und andere Erzieher bzw. Erzieherinnen selbst in befriedigenden Beziehungen unter zumindest erträglichen materiellen Bedingungen leben. Die Vorbildfunktion der Erwachsenen ist unabdingbar, wenn sich die Fähigkeit zum Herausarbeiten von gemeinsamen Konfliktlösungsstrategien ergeben soll: Familienkonferenzen, Diskussionsgruppen in der Schule und das Unterstützen von Teamwork im Gegensatz zur ausschließlichen Selbstverwirklichung sind dringend notwendige Bestandteile einer veränderten Bewusstseinseinstellung, die wir brauchen, sollen die Menschen nicht durch Egoismus, Verdrängung und Angst sich selbst zugrunde richten.

6. Förderung von mehr Mitmenschlichkeit und Pflege der Natur

Hinzu kommen muss mehr und mehr die Einstellung, dass der Mensch in einer Wechselbeziehung mit seiner Mitwelt und Umwelt steht, d.h. dass es nicht nur um zwischenmenschliche Beziehungen geht, sondern auch um die Beziehung zwischen Mensch und Natur.

7. Herstellung des Gefühls, gebraucht zu werden

Jugendliche müssen das Gefühl entwickeln können, nützlich zu sein. Es müssen sozial räumliche Integrationshilfen zur Lebensbewältigung entwickelt werden. Eine gute »sozial räumliche Integration« gelingt dann, wenn Jugendliche die Gemeinde als attraktiven Lebensraum wahrnehmen. Es entsteht dann ein Stück Heimat, wenn Räume angeeignet, Beziehungen aufgebaut werden und Jugendliche erleben, dass sie wahrgenommen und ernst genommen werden und sich mitgestaltend einbringen können (Keppeler 1998).

8. Bereitstellung von Mentoren und »Neben-Eltern«

Neben der Peer-Gruppe brauchen Jugendliche »Wahl-Eltern«, aktive Paten und Mentoren. Vorruheständler und Jugendliche könnten hier ganz neue partnerschaftliche Kooperationen eingehen! Die Eltern müssen unterstützt werden, damit sie in der Zeit der Reife ihrer Kinder nicht flüchten, sondern standhalten: Die Jugendlichen müssen sich an ihnen reiben können.

9. Pädagogische Filme, die Gewaltprobleme positiv lösen

Das Fernsehen müsste mehr Filme anbieten, die konstruktiv Problemlösungsstrategien erarbeiten und umsetzen. Gleichzeitig müssen sich die Medien Beschränkungen auferlegen in Bezug auf Gewaltdarstellungen.

10. Mehr Reifungsangebote für Eltern und Ausbau von Beratungsstellen

Die Reifungshilfe für Jugendliche muss einhergehen mit Reifungshilfeangeboten für Eltern und ihre Familien: Die Bewusstwerdung der eigenen Aggression und der eigenen Gewaltanteile und Integration derselben bieten die beste Gewähr dafür, dass der Teufelskreis der Projektion und reaktiven Gewalt minimiert wird. Dies gilt insbesondere für Problemfamilien und Familien in Krisensituationen wie Trennung und Scheidung.

11. Initiationsäquivalente fördern

Es gilt Initiationsäquivalente zu beleben und auszubauen: Schüleraustausch, Abenteuerpädagogik und Vereinsarbeit sind ganz wesentliche Experimentierräume, in denen der richtige Umgang mit der eigenen und fremden Gewalt auch außerfamiliär erlebt werden kann, und stellen damit ein Korrektiv dar zur primären Sozialisation in der Familie.

12. Anleitung zur Stille und zur Teamarbeit

Anleitung zur Stille in den Schulen sowie mehr Anleitung für Teamgeist und Teamarbeit sind dringend nötig, um einem um sich greifenden Egoismus und einer Hektik und Reizüberflutung entgegenzutreten.

13. Verringerung der Dauer des psychosozialen Moratoriums

Schließlich ist es besonders wichtig, die Jugendlichen möglichst schnell in die Verantwortung für gesellschaftliche Probleme mit einzubinden: Das psychosoziale Moratorium, die Zeit zwischen Geschlechtsreife und voller sozialer Eigenständigkeit (bei uns in der Regel eine Zeitspanne von 10 bis 15 Jahren), muss verringert werden. Zu lange andauernde Abhängigkeit und Unmündigkeit bei voller körperlicher sexueller Reife führen erst zur übersteigerten Gegenkultur der Jugendszene in ihren Auswüchsen. Die Jugendphase als Experimentier- und Freiraum ist sinnvoll und notwendig, eine zu lang andauernde Ausschließung von Mitverantwortung fördert jedoch Unzufriedenheit, Rebellion oder Apathie.

Der Reifungsschritt, den wir als Entwicklungsaufgabe von den Jugendlichen fordern – die Wiederannäherung an die Eltern nach durchlaufener Pubertät, die Aussöhnung mit den Eltern nach einer Rebellion gegen sie –, muss auch vonseiten der Eltern stattfinden: Die Versöhnung mit der anderen Elterngeneration ist ein lebenslanger, nie abgeschlossener Prozess, den wir nicht nur von unseren Jugendlichen einfordern dürfen. Es sind der Aufbau eines gesunden Selbstbewusstseins, die Fähigkeit zur Kommunikation sowie die Empathiefähigkeit, welche die beste Gewähr dafür bieten, dass der schwierige Weg einer Integration unserer Jugendlichen in unsere Gesellschaft günstig verlaufen kann.

Ausblick

»Nicht jede Besserung ist Tugend;
oft ist sie nur das Werk der Zeit.
Die wilde Hitze roher Jugend
wird mit den Jahren Sittsamkeit.
Und was Natur und Zeit getan,
sieht unser Stolz als Besserung an.«

Christian Fürchtegott Gellert

Literatur

Alfonso-Fernandez, F.: Epochaler Erscheinungswandel der normalen Pubertät. In: Nissen, G. (Hg.): Psychiatrie des Pubertätsalters. Huber, Bern/Stuttgart/Wien 1986, S. 36–52

Amery, J.: Hand an sich legen – Diskurs über den Selbstmord. Klett-Cotta, Stuttgart 1976

Anderson, C.A.; Dill, K.E.: Video games and aggressive thoughts, feelings, and behavior in the laboratory and in life. In: Journal of Personality and Social Psychology 78: 772–790, 2000

Asarnow, J.R.; Carlson, G.: Suicid attempts in preadolescent child psychiatry inpatients. Suicid life threat behav 18: 129–136, 1988

Baer, S.J.: Zusammenhang zwischen Neigung zu Magie/Okkultismus und schizotypischen Persönlichkeitszügen/psychischen Problemen bei Schülern. Inauguraldiss. Med. Fakultät, Tübingen 1993

Barz, H.: Jugend und Religion. Band I und II. Leske & Budrich, Opladen 1992

Battegay, R.: Der Mensch in der Gruppe. Band I: Sozialpsychologische und dynamische Aspekte. Huber, Bern 1986

Bloch, E.: Prinzip Hoffnung. Suhrkamp, Frankfurt/M. 1959

Braun-Scharm, H.: Suizidalität bei Kindern und Jugendlichen. In: Martinius, J. (Hg.): Kinder- und jugendpsychiatrische Notfälle. Quintessenz-Verlag, München 1991, S. 9–19

Bucher, W.; Pohl, K.: Zum Buch zur Ausstellung. In: Deutscher Werkbund e.V. und Württembergischer Kunstverein Stuttgart (Hg.): Schock und Schöpfung – Jugendästhetik im 20. Jahrhundert. Luchterhand, Darmstadt/Neuwied 1986, S. 9–10

Buehler, C.: Das Seelenleben des Jugendlichen. Versuch einer Analyse und Theorie der psychischen Identität. Fischer Verlag, Stuttgart 1967

Ciompi, L.: Affektlogik – ein neues psycho-sozio-biologisches integratives Funktionsmodell der Psyche. DiA (Der informierte Arzt-Gazette Medicale) 4: 307–313, 1991

Cseff, H.; Wyss, D.: Die Bedeutung von Bindung und Trennung für die Entstehung von Krankheiten. Nervenarzt 56: 245–251, 1985

Drehsen, V.: Alles andere als Null-Bock auf Religion – religiöse Einstellungen Jugendlicher zwischen Wahlzwang und Fundamentalismusneigung. In: Bihl, P.; Bitzer, Ch.; Degen, R.; Mette, N.; Rickers, F.; Schweitzer, F. (Hg.): Jahrbuch der Religionspädagogik. Band 10. Neukirchener Verlag, Neukirchen 1993, S. 47–69

Ehlhardt, S.: Aggression als Krankheitsfaktor. Vandenhoeck & Ruprecht, Göttingen 1974

Eisner, M.; Manzoni, B.; Ribeaud, D.: Gewalterfahrung von Jugendlichen. Verlag Sauerländer, Aarau/Schweiz 2000

Elias, N.: Studien über die Deutschen. Suhrkamp, Frankfurt/M. 1989

Ell, E.: Pflegealter – Junge und Mädchen in der Pubertät. Goldmann, München 1973

Emes, E.C.: Is Mr. Puck maneating our children? A review of the effect of video games on children. Canadian Journal of Psychiatry 42: 409–414, 1997

Erikson, E.H.: Childhood and Society. 2nd. ed. Norton, New York 1963

Erikson, E.H.: Identität und Lebenszyklus. Suhrkamp, Frankfurt/M. 1966

Esser, G.; Schmidt, M.: Psychische Probleme des Jugendalters – Ergebnisse einer prospektiven epidemiologischen Längsschnittstudie von 8 bis 18 Jahren. Der Kinderarzt 28: 1114–1122, 1997

Flammer, A.: Mit Risiko und Ungewissheit leben. Zur psychologischen Funktionalität der Religiosität in der Entwicklung. In: Klosinski, G. (Hg.): Religion als Chance oder Risiko. Huber, Bern 1994, S. 20–34

Fowler, J.W.: Stages of faith: The psychology of human development and the quest for meaning. Harper and Row, San Francisco 1981

Freye, I.: Der Mensch in der Grenzsituation – Zur Psychologie des Suizids. Diss. Zürich 1974

Garrison, K.C.; Garrison jr., K.C.: Psychology of adolescence. 7th ed. Prentice-Hall, Englewood, Cliffs/New York 1975

Gennep, A. van: Initiationsriten. In: Popp, V. (Hg.): Initiation. Suhrkamp, Frankfurt/M. 1969, 13–44

Ghiselin, B.: Ultimate criteria for two levels of creativity. In: Taylor, C.; Barron, F. (Hg.): Scientific creativity: Its recognition and development. Wiley, New York 1963

Gohl, C.: Liebe, Lust und Abenteuer – Tagträume von Frauen und Mädchen. Zentaurus, Pfaffenweiler 1991
Greyer, H.; Hüller, G.; Hentschel, H.: Drogenmissbrauch in den Neuen Bundesländern – Eine Analyse aus der Sicht eines Giftinformationszentrums. Sucht Med. 2suppl. 1: 261–262, 2000
Guggenberger, B.: Die Joy-Stick-Generation: Ratlos, aber frei. Postmoderne Tendenzen in der Jugendkultur. In: Kiesel, D.; Volz, F.-R. (Hg.): »Wo soll's denn langgehen?« Jugendliche und Pädagogen auf der Suche nach Lebensstilen und Konzepten. Arnoldshainer Texte, Bd. 67; Haag & Herchen Verlag, Frankfurt/M. 1991, S. 8–30
Guilford, J.P.: Traits of creativity. In: Anderson, H. (Hg.): Creativity and its cultivation. Harper, New York 1959, S. 142–161
Hartshorne, T. S.: The grandparent and grandchild relationship and life satisfaction, death anxiety and attitudes towards the future. Dissertation Abstracts Internation. 40, 1333 B., 1979
Hauth, R.: Der neue Hang zum Okkulten – Spiritismus und Satanismus unter Jugendlichen. Bestandsaufnahme und theologische Anmerkungen. AJS-Forum, Heft 4–5: 2–11, 1988
Helsper, W.: Okkultismus – die neue Jugendreligion? Leske & Budrich, Opladen 1992
Höffe, O.: Animal morale. Zeitschr. f. Rechtspolitik 10: 394–399, 1993
Hornstein, W.: Unsere Jugend – über Liebe, Arbeit, Politik. Beltz, Weinheim 1982
Hummel, R.: Kult statt Kirche. Wurzeln und Erscheinungsformen neuer Religiosität außerhalb und am Rande der Kirchen. In: Baadte, G.; Rauscher, A. (Hg.): Neue Religiosität und säkulare Kultur. Styria, Graz/Wien/Köln 1988, S. 43–61
Jackson, S.: Childhood and sexuality in historical perspective. In: Yates, A. (Hg.): Sexual and gender identity disorders. Child and adolescent psychiatric clinics of North America. Saunders, Philadelphia 1993
Jugendwerk der Deutschen Shell (Hg.): Jugend '97, Leske & Budrich, Opladen 1997
Jung, C. G.: Gegenwart und Zukunft. Rascher-Verlag, Zürich/Stuttgart 1957
Karle, M.: Management suizidaler Krisen bei Kindern und Jugendlichen. Kinder- und Jugendmedizin 2: 44–48, 2001
Keppeler, S.: Risiken der Lebensbewältigung von Mädchen und Jun-

gen – Beitrag der Jugendhilfe zur Lebensbewältigung. Vortrag gehalten am 08.05.1998 vor der Enquete-Kommission »Jugend-Arbeit-Zukunft« des Landtages von Baden-Württemberg

Kirkendall, L.A.; Mc Bride, L.G.: Preadolescent and adolescent imagery fantasies, beliefs and experiences. In: Perry, M.E. (Hg.): Handbook of Sexology. Vol. 7: Childhood and Adolescent Sexuality. Elsevier Science Publishers, Amsterdam 1990

Klessmann, I.; Klessmann, H.A.: Heiliges Fasten – heilloses Fressen. Die Angst der Magersüchtigen vor dem Mittelmaß. Huber, Bern, 1988

Klosinski, G.: Automutilation in der Adoleszenz. Acta paedopsychiatrica 44: 311–323, 1979

Klosinski, G.: Über blasphemische Äußerungen und religiöse Versündigungsideen im Kindes- und Jugendalter. Acta Paedopsychiat. 45: 325–335, 1980a

Klosinski, G.: Zur Diagnose einer so genannten Borderline-Persönlichkeitsstruktur in der Adoleszenz. Zeitschrift f. Kinder- und Jugendpsychiat. 8: 18–40, 1980b

Klosinski, G.: Der Tabletten-Suizidversuch in der Pubertät – Versuch einer Autoinitiation? In: Jochmus, I.; Förster, E. (Hg.): Suizid bei Kindern und Jugendlichen. Enke-Verlag, Stuttgart 1983, S. 92–100

Klosinski, G.: Die Telemachie – Die Suche des Sohnes nach dem Vater. Prax. Psychother. Psychosom. 30: 169–179, 1985

Klosinski, G.: Ekklesiogene Neurosen und Psychosen im Jugendalter – zur erschwerten Ablösungsproblematik von Jugendlichen aus streng moralisierenden, christlich-religiösen Bewegungen. Acta Paedopsychiatrica 53: 71–77, 1990a

Klosinski, G.: Okkultismus bei Jugendlichen: Jugendreligionen im neuen Gewand? AJS-Forum NRW, 14. Jahrg. 4: 18–22, 1990b

Klosinski, G. (Hg.): Pubertätsriten – Äquivalente und Defizite in unserer Gesellschaft. Einführende Anmerkungen des Jugendpsychiaters. Huber, Bern 1991, S. 11–24

Klosinski, G.: Psychokulte. Was Sekten für Jugendliche so attraktiv macht. Beck, München 1996a

Klosinski, G.: Entwicklungspsychopathologische Aspekte der Sucht bei Kindern und Jugendlichen. In: Längle, G.; Mann, K.; Buchkremer, G. (Hg.): »Sucht« – Die Lebenswelten Abhängiger. Attempto-Verlag, Tübingen 1996b, S. 126–136

Klosinski, G.: Stellenwert und Funktion der Religion für psychisch kranke junge Leute. Kerbe 3: 8–10, 1998
Klosinski, G.: Wenn Kinder Hand an sich legen – Selbstzerstörerisches Verhalten bei Kindern und Jugendlichen. Beck, München 1999
Klosinski, G.: »What can I do to make you love me?« Sexualität als Entwicklungsaufgabe und Entwicklungsdruck in der Adoleszenz. In: Schneider, H. (Hg.): Sexualität – ihre Entwicklung, ihre Endlichkeit, ihre Störungen. 57. Psychotherapie-Seminar Freudenstadt. Mattes Verlag, Heidelberg 2001, S. 11–26
Klosinski, G.: Medieneinflüsse und Gewalttaten – was ist gesichert, was sind die Konsequenzen? Kinder- und Jugendmedizin 5: 203–208, 2002
Köcher, R.: Familie und Gesellschaft. Eine familiensoziologische Analyse der internationalen Wertstudie. Unveröffentlichtes Manuskript. Zit. nach Willi, J. 1987
Kretschmer, E.: Psychotherapeutische Studien. Thieme, Stuttgart 1949
Küng, H.: Freud und die Zukunft der Religion. Piper, München 1987
Küng, H.: Projekt Welt-Ethos, Piper, München 1990
Luccioni, H.; Sutter, J.M.: Crise d'adolescence et carence d'autorité. Acta Paedopsychiatrica 36: 181–185, 1969
Mangold, B.; Seidl, E.: Der Suizidversuch als kinderpsychiatrischer Notfall. Praxis Kinderpsychol. Kinderpsychiat. 23: 233–240, 1974
Maturana, H.; Varela, F.: Der Baum der Erkenntnis. Scherz, München 1987
Mednick, S.A.: The associative basis of the creative process. Psychol. Rev. 69 (3): 220–232, 1962
Meyer, J.-E.: Psychopathologie und Klinik des Jugendalters, der Pubertät und Adoleszenz. In: Kisker, K.P.; Meyer, J.-E.; Müller, M.; Strömgren, E. (Hg.): Psychiatrie der Gegenwart, Bd. II/1. S. 823–858. Springer, Berlin/Heidelberg/New York 1973
Mischo, J.: Okkultpraktiken bei Jugendlichen – Ergebnisse einer Umfrage bei Religionslehrern im Bistum Trier. In: Zeitschrift für Parapsychologie und Grenzgebiete der Psychologie, 30. Jahrg.: 5–32, 1988
Mischo, J.: Okkultismus bei Jugendlichen. Ergebnisse einer empirischen Untersuchung. Matthias-Grunewald-Verlag, Mainz 1991

Möller, Ch.; Thoms, E.: Sucht und Psychose: Überlegungen zu dieser »Doppelproblematik« aus der Sicht der Jugendpsychiatrie. Sucht Med. 41: 25–30, 2002

Müller, U.: Okkultismus, Spiritismus, Satanismus – gesellschaftliche Probleme? In: AJS-Forum Nr. 4–5: 14–32, 1988

Mussen, P. H.; Conger, J.J.; Kagan, J.: Lehrbuch der Kinderpsychologie. Klett, Stuttgart 1976

Myers, D.D.: The funds, friends and faith of happy people. Americ. Psycho. 55: 56–67, 2000

Neumann, E.: Die Bedeutung des Erdarchetyps für die Neuzeit: In: Eranos-Jahrbuch 1953, Band XXII. Zürich 1954

Niederland, W.G.; Englewood, N.J.: Psychoanalytische Überlegungen zur künstlerischen Kreativität. Psyche 4: 329–354, 1978

Nipkow, K.E.: Erwachsenwerden ohne Gott? Gotteserfahrung im Lebenslauf. Christian-Kaiser-Verlag München, 3. Aufl. 1990

Nissen, G.: Pubertätskrisen und Störungen der psychosexuellen Entwicklung. In: Harbauer, H.; Lempp, R.; Nissen, G.; Strunk, P. (Hg.): Lehrbuch der speziellen Kinder- und Jugendpsychiatrie. Springer-Verlag, Berlin/Heidelberg/New York 1971, S. 133–156

Oerter, R.: Entwicklungsrisiken im Jugendalter. Eine systemtheoretische Perspektive. Psychotherapie in Psychiatrie, psychotherapeutischer Medizin und klinischer Psychologie. 7. Jahrgang, Band 7, Heft 1: 36–48, 2002

Ortega y Gasset, J.: Der Mensch und die Leute. Deutscher Taschenbuch Verlag, München 1961

Ostrov, E. und Offer, D.: Loneliness and the adolescent. In: Feinstein, S.C.; Giovacchini, P.L. (Hg.): Adolescent Psychiatry, Vol. 6. Univ. of Chicago Press., Chicago, London 1978, S. 34–50

Paetzold, W.; Schneider, U.; Emrich, H.; Oehlschläger, P.: Engelstrompeten: Falldarstellung einer drogeninduzierten Psychose durch Brugmansia Insigniis. Psychiat. Prax. 26: 147–148, 1999

Pagenstecher, L.: Jugend und Sexualität. In: Krüger, H.H. (Hg.): Handbuch der Jugendforschung. Leske und Budrich, Opladen 1988

Parin, P.; Parin-Matthèy, G.: Der Widerspruch im Subjekt. Die Anpassungsmechanismen des Ich und die Psychoanalyse gesellschaftlicher Subjekte. In: Parin, P. (Hg.): Der Widerspruch im Subjekt – Ethnoanalytische Studien. Syndikat Verlag, Frankfurt/M. 1978, S. 112–133

Pöldinger, W.; Holsboer-Drachsler, E.: Suizidalität – Erkennung und Abschätzung. Neurologie Psychiatrie 4: 323–329, 1988

Remmler, H.: Das Geheimnis der Sphinx. Walter, Olten 1988

Remschmidt, H.; Schwab, T.: Suizidversuche im Kindes- und Jugendalter. Acta Paedopsychiatrica 43: 197–208, 1978

Remschmidt, H.: Psychiatrie und Adoleszenz. Thieme, Stuttgart 1992

Resch, F.: Entwicklungspsychopathologie des Kindes- und Jugendalters. Beltz Psychologie Verlagsunion, Weinheim 1996

Richter, H.E.: Eltern, Kind, Neurose. Klett-Cotta, Stuttgart 1963

Richter, H.E.: Lernziel Solidarität. Rowohlt, Reinbek 1974

Robinson, I.; Ciss, K.; Ganza, B.: Twenty years of the sexualrevolution. J. Marriage Fam. 53: 216–220, 1991

Rose, G.: On the shores of the self; irredentism and the creative impulse. Psychoanal. Rev. 60: 587–604, 1973

Santelli, J.S.; Beilenson, P.: Risk factors for adolescent sexual behavior, fertility, and sexually transmitted diseases. J. Child Health 62: 271–279, 1992

Schellenbaum, P.: Gottesbilder – Religion, Psychoanalyse, Tiefenpsychologie. Deutscher Taschenbuch Verlag, München, 2. Aufl. 1990

Schmid, G.: Jugend und Religion in der Schweiz. In: Nembach, U. (Hg.): Jugend und Religion in Europa. Frankfurt/M. 1987, S. 261–270

Schmidt, M.H.: Dissozialität und Aggressivität: Wissen, Handeln und Nichtwissen. Zeitschrift für Kinder- und Jugendpsychiatrie 26: 53–62, 1998

Schmidtke, A.; Weinacker, B.; Fricke, S.: Suizid- und Suizidversuchsraten bei Kindern und Jugendlichen in den alten Ländern der Bundesrepublik und in der ehemaligen DDR. Der Kinderarzt 2: 151–162, 1996

Schwartz, G.: Devices to prevent masturbation. Med. Aspects Hom. Sex. 7: 141–153, 1973

Seewald, P.: Wo ist Gott? Süddeutsche Zeitung, Magazin Nr. 25 vom 16.06.1992, S. 13–19

Spitzer, M.: Gewalt im Spiel: Von der virtuellen Realität zum Gott-Modus. Editorial. Nervenheilkunde 1: 1–3, 2001

Spranger, E.: Die Psychologie des Jugendalters. Quelle & Maier, Leipzig 1925

Stein, M.J.: Creativity as an intra- and interpersonal process. In: Parnes, S.; Harding, H. (Hg.): A source book of creative thinking. Scribner, New York 1962

Steinhausen, H.-Ch.: Das Selbstbild Jugendlicher im transkulturellen Vergleich. In: Steinhausen, H.-Ch. (Hg.): Das Jugendalter. Huber, Bern 1990

Steinhausen, H.-Ch. et al.: Transcultural comparisons of self image in German and United States adolescents. Journal of youth and adolescents 17: 1988

Stern, L.: Inter-household movement in a ladina village of southern Mexico. Man. 8, 3: 393–415, 1973

Stern, P.: C. G. Jung: Prophet des Unbewußten. Piper, München/Zürich 1977

Stierlin, H.: Aggression in der menschlichen Beziehung. In: Mitscherlich, A. (Hg.): Bis hierher und nicht weiter – ist die menschliche Aggression unbefriedbar? Piper, München 1969, S. 119–134

Stierlin, H.: Eltern und Kinder im Prozess der Ablösung. Familienprobleme in der Pubertät. Suhrkamp, Frankfurt 1975

Stierlin, H.: Eltern und Kinder – Das Drama von Trennung und Versöhnung im Jugendalter. Suhrkamp, Frankfurt/M. 1980

Stierlin, H.; Levi, L.D.; Savard, R.J.: Centrifugal versus centripetal separation in adolescence: Two patterns and some of their implications. In: Feinstein, S.C.; Giovacchini, P. (Hg.): Adolescence Psychiatry, Vol. II basic books Inc., New York 1973, S. 211–239

Stutte, H.: Neurotische Dissozialität auf dem Boden eines Thersites-Komplexes. Prax. Kinderpsychol. Kinderpsychiatr. 23: 161–166, 1974

Thomas, K.: Handbuch der Selbstmordverhütung. Encke-Verlag, Stuttgart 1964

Thomas, K.: Sexualstörungen infolge »ekklesiogener« Neurosen. Sexualmedizin 8: 272–274, 1989

Tishler, C.L.; Mc Kenry, P.C.: Parental negative self and adolescent suicide attempts. Journal of the American Academy of child psychiatry 21: 404–408, 1982

Tomasius, R.: Ecstasy – Wirkungen, Risiken, Interventionen. Ein Leitfaden für die Praxis. Enke-Verlag, Stuttgart 1999

Tossmann, P.; Pilgrim, C.: Drogenkonsum und Risikoeinschätzung in längsschnittlicher Perspektive. Suchttherapie 2: 98–108, 2001

Willi, J.: Was verändert sich in der Ablösungsphase in der Geschichte einer Familie? In: Lempp, R.: Reifung und Ablösung. Huber, Bern 1987, S. 54–63

Wolfenstein, M.: Trends in infant care. Am. J. Orthpsychiatry 23: 290, 1953

Wyatt, G.E.: Changing influences on adolescent sexuality over the past 40 years. In: Bancroft, J.; Reinisch, J.M. (Hg.): Adolescence and puberty, Oxford University Press, New York 1990

Yates, A.: Childhood, Sexuality. In: Levis, M. (Hg.): Child and adolescent psychiatry. Williams and Wilkins, Baltimore 2nd ed. 1996, S. 221–235

Zacharias, G.: Satanskult und schwarze Messe. Ein Beitrag zur Phänomenologie der Religion. Limes-Verlag, Wiesbaden 1970

Zauner, J.: Ablösungskonflikte und Elternarbeit in der Adoleszenz. Praxis Kinderpsychologie und Kinderpsychiatrie 25: 306–310, 1976

Register